교과서가 쉬워지는

용어
한국사
600

6
근현대 ❷

Mirae N 아이세움

교과서가 쉬워지는 용어 한국사 600
용어로 이해하고 그림으로 기억하는 한국사입니다

• 쉽게 이해되는 역사 용어
한국사 용어는 과거에 사용한 것들이어서 지금은 쓰지 않는 단어나 뜻을 모르는 한자어가 많습니다. 이 책은 낯설고 어려운 역사 용어를 쉽고 간결하게 설명하여 학생들이 명쾌하게 이해하도록 했습니다.

• 강렬한 인포그래픽 이미지
사진과 그림은 메시지를 효과적으로 전달합니다. 이 책은 학생들이 해당 주제를 직관적으로 이해하도록 인포그래픽 방식을 구사합니다. 이런 방식은 지식의 핵심을 강렬하게 전하여 교육 효과를 높이고 오래 기억되도록 합니다.

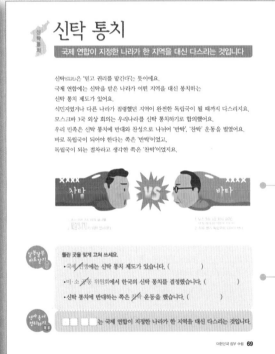

• 배경지식과 학습의 통합
학습은 배우는 '학(學)'과 익히는 '습(習)'의 통합입니다. 배워서 깨치더라도 학습자 스스로 자신의 것으로 만드는 노력이 따라야 합니다.
이 책은 설명과 이미지로 배운 한국사 지식을 학생이 곧바로 자신의 것으로 축적할 수 있도록 구성했습니다.

• 집중력과 정확성을 높이는 확인 학습
확인 학습은 [알쏭달쏭 바로 알기]와 [역사 용어 정리하기]로 구성하였습니다.

는 틀린 내용을 학생이 직접 수정하도록 했습니다. 내용의 오류를 찾는 학습법은 흥미를 유발하고 학생들의 집중력을 높입니다. 그리고 스스로 수정하는 과정은 정확한 지식을 오래 기억하게 합니다. 문제 유형은 총 3가지로 '틀린 곳 고치기' '선택하기' '정오 구분하기'입니다.

는 해당 주제의 핵심을 다시 한 번 정리하며 학습을 마무리하도록 합니다.

교과서가 쉬워지는 용어한국사 600
지식과 학습이 통합되는 한국사입니다

• 교육 과정과 연계한 주제 선정
한국사 초등 교육 과정의 핵심 주제를 망라하여 교과 내용을 보충하거나 조사할 때 도움이 되도록 구성했습니다. 또 시대 이해에 필수적인 주제는 중고등 교육 과정을 참조하여 추가했습니다. 이는 초중고로 이어지는 한국사 연계 학습에 유용하며 각종 한국사 평가에 대비하는 능력을 키워 줍니다.

• 한국사를 꿰는 600가지 핵심 용어
한국의 역사는 길기 때문에 인물, 사건, 제도, 유물, 전문 용어가 많습니다. 이 책은 한국사 공부에 필수적인 핵심 주제 600가지로 한국사 전체를 이해하도록 돕습니다.

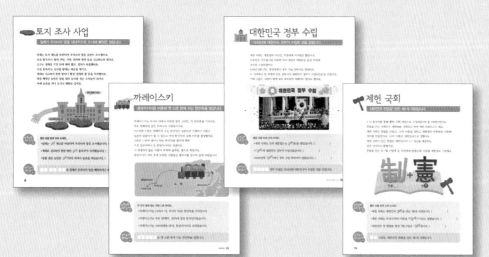

• 집중과 선택이 수월한 학습자 맞춤형
고대부터 근현대까지 총 6권으로 구성하였으며, 이는 초등 한국사 1년 동안의 학습량입니다. 학교 진도에 맞추어 활용하거나, 집중 기간을 정해 일정 분량씩 순차적으로 학습할 수 있습니다.
그리고 학생의 흥미나 관심에 따른 주제 선택도 가능합니다. 한편 배경지식과 확인 학습 꼭지는 학생의 필요에 따라 각각 다양하게 활용할 수 있습니다.

차 례

1 일제의 식민 통치

2 독립운동

일제 강점기

토지 조사 사업

동양 척식 주식회사

회사령

산미 증식 계획

문화 통치

간토 대지진 한국인 학살

민족 말살 통치

황국 신민화 정책

신사 참배

내선일체

창씨개명

1

일제의 식민 통치

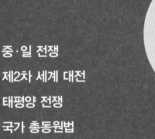

중·일 전쟁

제2차 세계 대전

태평양 전쟁

국가 총동원법

국민 정신 총동원 조선 연맹

공출

징용

징병

일본군 위안부

토막

날품팔이

일제 강점기

1910년에 일제는 대한 제국의 주권을 빼앗았어요.

통치 기구로 조선 총독부를 만들었고, 헌병 경찰로 우리 민족을 감시했지요.

그 뒤 3·1 운동에 놀란 일제는 우리 민족을 존중하겠다고 했지만,

실제로는 우리 민족을 분열시키고 독립운동을 더욱 탄압했어요.

중국과 태평양으로 침략 전쟁을 확대한 뒤에는 우리 민족성을 없애려 했고,

일본을 위한 전쟁에 우리나라 사람과 물자를 동원했어요.

일제 강점기에 우리 민족은 고난을 겪으면서도 독립운동을 이어갔지요.

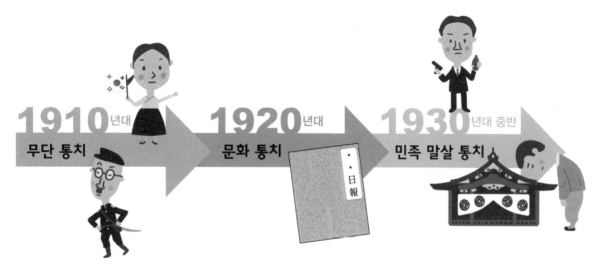

1910년대 무단 통치

1920년대 문화 통치

1930년대 중반 민족 말살 통치

알쏭달쏭 바로알기

틀린 곳을 맞게 고쳐 쓰세요.

• 우리나라는 1920년에 일제에 주권을 빼앗겼습니다. (　　　　　)

• 일제는 조선 총독부를 설치해 우리나라를 지배했습니다. (　　　　　)

• 2·8 운동에 놀란 일제는 한민족을 존중하겠다고 했습니다. (　　　　　)

역사 용어 정리하기

□□□□□는 일제가 우리나라를 식민지로 지배한 때입니다.

토지 조사 사업

일제가 우리나라 땅을 대대적으로 조사해 빼앗은 일입니다

일제는 토지 제도를 바꾼다며 우리나라 땅을 샅샅이 조사했어요.
조선 총독부는 땅의 주인, 가격, 위치와 면적 등을 신고하도록 했지요.
신고는 정해진 기간 안에 해야 했고, 절차가 복잡했어요.
조선 총독부는 신고한 땅에는 세금을 매기고,
제대로 신고하지 못한 땅이나 황실·관청의 땅 등을 차지했어요.
땅을 빼앗긴 농민은 땅을 빌려 농사를 짓는 소작농이 되거나
아예 농촌을 떠나 도시나 해외로 갔지요.

모두 총독부 거야!

총독부

신고되지 않은 땅   대한 제국 황실 땅   관청 땅

알쏭달쏭
바로알기

틀린 곳을 맞게 고쳐 쓰세요.

• 일제는 ~~신분~~ 제도를 바꾼다며 우리나라 땅을 조사했습니다. (   )

• 제대로 신고하지 못한 땅은 ~~중국~~ 총독부가 차지했습니다. (   )

• 땅을 잃은 농민은 ~~지주~~가(이) 되거나 농촌을 떠났습니다. (   )

역사 용어
정리하기

☐☐☐☐☐☐은 일제가 우리나라 땅을 빼앗으려고 벌인 일입니다.

8

동양 척식 주식회사

일제가 우리 경제를 쥐락펴락하려고 만든 핵심 기관입니다

이름은 주식회사이지만 회사라기보다는
일제가 직접 운영한 특별 기관이에요.
동양 척식 주식회사는 총독부가 토지 조사
사업으로 차지한 땅을 받아 친일파에게
싸게 팔았어요.
또 일본에서 농업 이민을 모집해 그들이
우리나라에 와서 지주가 되게 했지요.
동양 척식 주식회사는 직접 지주 노릇도 해서
우리 농민에게 땅을 빌려 주고 사용료를
비싸게 받았어요.
1926년에 나석주가 동양 척식 주식회사의
행태에 분노해 폭탄을 던졌어요.

동양 척식
주식회사

땅 싸게 얻었네.

사용료 너무 비싸!

알쏭달쏭
바로알기

두 단어 중 맞는 것에 ○표 하세요.

• 동양 척식 주식회사는 우리 (경제, 문화)를 쥐락펴락했던 기관입니다.

• 동양 척식 주식회사는 (친일파, 우리 농민)에게 땅을 싸게 팔았습니다.

• 나석주가 (동양, 서양) 척식 주식회사에 폭탄을 던졌습니다.

역사 용어
정리하기

일제가 우리 경제를 장악하려고 만든 기관은 ☐☐☐☐ 주식회사입니다.

회사령

회사를 세울 때 조선 총독의 허가를 받도록 한 법령입니다

우리나라에 회사를 세우려면 누구든 조선 총독의 허가를 받아야 했어요.

또 총독이 판단해 회사를 없앨 수도 있었어요.

일제는 우리나라를 자신들에게 필요한 원료나 식량을 대 주는 곳으로만 여겼지요.

필요한 경우에는 일본인이나 친일파의 회사 설립을 우선 허가했어요.

회사령으로 회사를 세우기가 까다로워 우리나라의 상공업은 크게 발달하지 못했어요.

틀린 곳을 맞게 고쳐 쓰세요.

• 우리나라에 회사를 세우려면 ~~경찰~~의 허가를 받아야 했습니다. (   )

• 일제는 ~~중국인~~과 친일파의 회사 설립은 우선 허가했습니다. (   )

• 회사령으로 우리나라의 ~~농업~~은 크게 발달하지 못했습니다. (   )

□□□은 회사를 세울 때 조선 총독의 허가를 받도록 한 법령입니다.

산미 증식 계획

일제가 우리나라의 쌀 생산량을 늘리려고 실시한 정책입니다

일본은 공업이 발달하면서 농촌 인구가 도시로 몰려들어 쌀이 부족하게 되었어요.
일제는 부족한 쌀을 한국 농촌에서 가져오기로 했지요.
우리나라에서 쌀 생산량을 늘리려고 벼 품종을 개량하고 저수지를 더 만들었어요.
그 결과 쌀 생산량이 늘어났지만, 일제가 많은 쌀을 일본으로 가져갔지요.
우리나라는 쌀이 부족해졌고, 농민들의 형편은 더욱 힘들어졌습니다.

일본으로 다 가져가라!

쌀 생산량 증가

일본행

알쏭달쏭 바로 알기

틀린 곳을 맞게 고쳐 쓰세요.

• 일본은 부족한 식량을 한국 도시에서 해결하려고 했습니다. (   )

• 산미 증식 계획은 보리 생산량을 늘린 것입니다. (   )

• 일제는 우리나라의 많은 쌀을 대만으로 가져갔습니다. (   )

역사 용어 정리하기

일제가 쌀 생산량을 늘리려고 편 정책은 ☐☐ ☐☐ ☐☐입니다.

문화 통치

3·1 운동에 놀란 일제는 우리나라를 힘으로만 지배하기 어렵다고 판단했어요.
그래서 우리나라를 문화적으로 통치하겠다고 했지요.
군인만 맡던 조선 총독을 문관으로 임명하고, 헌병 경찰을 없애겠다고 했어요.
또 언론·집회·단체의 자유를 보장하며, 교육과 산업도 발전시키겠다고 했지요.
하지만 문관 총독은 1명도 없었고, 헌병 경찰 대신 보통 경찰이 3배나 늘었어요.
또한 신문, 잡지에 일제를 비판하는 내용은 싣지 못하게 했어요.
겉과 속이 다른 문화 통치는 친일파를 길러 내 민족 분열 통치라고도 해요.

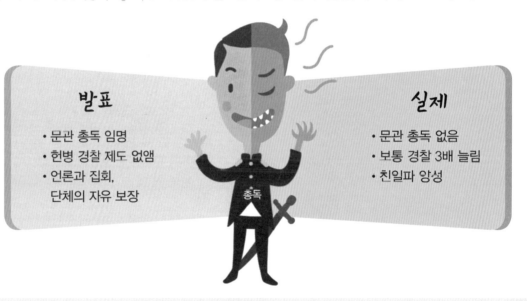

발표

• 문관 총독 임명
• 헌병 경찰 제도 없앰
• 언론과 집회,
  단체의 자유 보장

총독

실제

• 문관 총독 없음
• 보통 경찰 3배 늘림
• 친일파 양성

알쏭달쏭
바로알기

내용이 맞으면 ○표, 틀리면 X표를 하세요.

• 1920년대부터 일제는 실제로 우리나라를 문화적으로 통치했습니다. (　　)

• 문화 통치 동안 문관 총독이 임명되었습니다. (　　)

• 문화 통치는 친일파를 길러 내 민족 분열 통치라고도 합니다. (　　)

역사 용어
정리하기

1920년대에 일제가 내세운 우리나라 통치 방식은 ☐☐☐☐입니다.

간토 대지진 한국인 학살

일본의 간토 지진 때 벌어진 한국인 학살 사건입니다

1923년 9월 1일, 일본 간토 지역에서 규모 7.9의 지진이 일어났어요.

지진으로 수많은 건물이 무너지고 10만 명이 넘는 사람이 죽거나 실종되었지요.

혼란이 커지자 일제는 조센징(일제가 우리 민족을 낮추어 부른 말)과

사회주의자가 폭동을 일으키고 우물에 독을 풀었다는 소문을 퍼뜨렸어요.

이 소문을 믿고 흥분한 일본 사람들은 한국인을 찾아내 마구 죽였지요.

이때 한국인 수천 명이 억울하게 죽임을 당했답니다.

틀린 곳을 맞게 고쳐 쓰세요.

• 간토 대~~홍수~~는(은) 1923년에 일어났습니다. (   )

• 간토 대지진은 ~~중국~~ 간토 지역에서 발생했습니다. (   )

• 간토 대지진 때 일본인들은 ~~중국~~인을 마구 학살했습니다. (   )

☐☐☐☐☐ 한국인 학살은 간토 지진 때 벌어진 한국인 학살 사건입니다.

민족 말살 통치

일제가 우리의 민족성을 완전히 없애려 한 통치 방식입니다

일제는 1930년대에 중국을 침략하면서부터 일본 전체를 군대처럼 움직였어요.

우리나라도 그 어느 때보다 악랄하게 지배했지요.

우리 민족성을 아예 없애려 했고, 자신들을 위한 침략 전쟁에 끌어들였어요.

한국인과 일본인이 하나이니(내선일체)

한국인도 일본 왕의 신하(황국 신민)로서 충성을 다하라고 했지요.

일본 신사에 참배하도록 강요하고, 우리말과 글을 못 쓰게 했으며,

심지어 성과 이름도 일본식으로 바꾸게 했어요.

창씨 개명 · 신사 참배 · 황국 신민화 · 내선 일체 · 한국어 사용 금지

한 민 족

틀린 곳을 맞게 고쳐 쓰세요.

• 일제는 독일을 침략하면서부터 일본을 군대처럼 움직였습니다. (   )

• 일제는 우리 계급성을 아예 없애려고 했습니다. (   )

• 일제는 우리 성과 이름을 중국식으로 바꾸게 했습니다. (   )

일제가 우리의 민족성을 없애려고 한 통치 방식은 □□□□□□입니다.

14

황국 신민화 정책

일제가 한국인을 일본 왕의 백성으로 만들려 한 정책입니다

황국(皇國)은 천황의 나라, 신민(臣民)은 신하가 되는 백성이라는 뜻이지요.

일본 사람들은 자신들의 왕을 천황이라 부르며, 마치 신처럼 떠받들었어요.

우리 민족에게도 일본 왕에게 충성하도록 강요했지요.

아침마다 일본 왕이 있는 도쿄를 향해 절을 하는 '궁성 요배'를 하게 했어요.

또 학교와 관청의 행사에서 일본 왕에게 충성을 다짐하는

'황국 신민 서사'를 외우게 했어요.

어린이가 다니는 소학교도 '황국 신민의 학교'라는 뜻의 '국민학교'로 바꾸었지요.

황국 신민 서사

우리는 황국 신민이다.
충성으로써 군국(일본 제국)에
보답하련다.
우리 황국 신민은 신애(믿고 사랑함)
협력하여 단결을 굳게 하련다.
우리 황국 신민은 인고(괴로움을 참음)
단련하여 힘을 길러 황도를 선양하련다.

어른용

황국 신민 서사

우리들은 대일본 제국의 신민입니다.
우리들은 마음을 합하여
천황 폐하에게
충의(충성과 의리)를 다합니다.
우리들은 인고 단련하고
훌륭하고 강한 국민이 되겠습니다.

어린이용

두 단어 중에 맞는 것에 ○표 하세요.

• 황국 신민화 정책은 한국인을 일본 (왕, 수상)의 백성으로 만들려는 것입니다.

• 학교와 관청의 행사에서는 황국 (신민, 식민) 서사를 외우게 했습니다.

• 황국 신민화 정책으로 소학교가 (초등학교, 국민학교)로 바뀌었습니다.

□□□□□ 정책은 한국인을 일본 왕의 백성으로 만들려는 정책입니다.

신사 참배

일제가 일본 신 등을 모신 신사에 절하게 한 정책입니다

신사(神社)는 일본 왕실의 조상신이나 공을 세운 사람의 위패를 모아 둔 사당이에요.

참배(參拜)는 신이나 영혼을 추모하려고 절하는 거예요.

일제는 한국인에게 강제로 신사에 참배하게 했어요.

신사 참배를 거부하면 벌을 주고 학교를 없앴지요.

일제는 우리나라에 신사 1,000여 개를 지었는데, 남산의 '조선 신궁'이 가장 컸어요.

조선 신궁에는 일본 조상신과 우리나라를 뺏은 메이지 왕의 위패를 두었지요.

일본 왕이 곧 신이야!

알쏭달쏭 바로알기

틀린 곳을 맞게 고쳐 쓰세요.

• 신사는 조선 왕실의 조상신 등을 모신 사당입니다. (   )

• 일제는 서울 남산에 가장 큰 신사인 조선 신당을 지었습니다. (   )

• 신사 독배를 거부하면 처벌하거나 학교를 없앴습니다. (   )

역사 용어 정리하기

일제가 우리 민족에게 일본의 신사에 절하게 한 정책은 ☐☐ ☐☐입니다.

내선일체

일본과 조선이 하나라는 주장입니다

내(內)는 일본인이 일본을 가리키는 내지, 선(鮮)은 조선, 일체(一體)는 한 몸으로,
일본과 조선이 한 민족, 한 나라라는 뜻이에요.
내선일체는 일제가 우리 민족정신을 없애려고 내세웠어요.
내선일체에 따르면 우리 민족은 사라지고 결국 일본 민족이 된다는 것이지요.
일본 민족이 되면 한국인도 일본 왕의 백성이니 식민 지배에 협조하고,
전쟁에도 참여해야 한다고 강요했어요.

內 일본　　　　　鮮 조선　　　　　一體 일본

틀린 곳을 맞게 고쳐 쓰세요.

• 내선일체의 내(內)는 미국을 의미합니다. (　　　　　)

• 내선일체는 중국과 조선이 한 민족, 한 나라라는 주장입니다. (　　　　　)

• 내선일체에 따르면 중국인도 일본 왕의 백성이라는 것입니다. (　　　　　)

□□□□는 일본과 조선이 하나라는 주장입니다.

창씨개명

우리의 성과 이름을 강제로 일본식으로 고치게 한 정책입니다

창씨(創氏)는 일본식으로 성을 새로 만든다는 뜻이고,
개명(改名)은 이름을 고친다는 뜻입니다. '일본식 성명 강요'라고도 해요.
1930년대에 일제는 우리말 사용을 금지한 뒤,
우리 고유의 성과 이름을 없애고 일본식 성과 이름을 쓰게 했어요.
창씨개명을 하지 않으면 교육, 식량이나 물자 배급, 우편물을 받을 수 없었어요.

내용이 맞으면 ○표, 틀리면 X표를 하세요.

• 창씨는 일본식으로 이름을 새로 만든다는 뜻입니다.   (   )

• 창씨개명은 일본식 성명 강요라고도 합니다.   (   )

• 창씨개명을 하지 않으면 학교에 입학할 수 없었습니다.   (   )

우리의 성과 이름을 일본식으로 고치게 한 정책을 □□□□이라고 합니다.

중·일 전쟁

일제가 중국을 상대로 1937년부터 1945년까지 벌인 전쟁입니다

1930년대 초에 일제는 중국 동북부를 침략해 일본의 괴뢰 정부인 만주국을 세웠어요.

1937년에는 중국의 중심부인 베이징과 톈진을 총공격하며 중·일 전쟁을 일으켰지요.

일본은 난징을 점령하고 민간인 수십만 명을 학살했어요.

중·일 전쟁을 일으킨 뒤부터 일제는 우리나라를 더욱 독하게 지배했어요.

1945년, 일본이 제2차 세계 대전에서 무조건 항복하면서 중·일 전쟁도 끝났지요.

베이징
톈진
일본군 점령지
난징

난징에 들어오는 일본군

일본군에게 학살당한 난징 사람들

알쏭달쏭 바로알기

틀린 곳을 맞게 고쳐 쓰세요.

• 중·일 전쟁은 1942년에 일어났습니다. (   )

• 중·일 전쟁은 중국이(가) 일으킨 전쟁입니다. (   )

• 중·일 전쟁 때 일제는 상하이에서 수십만 명을 학살했습니다. (   )

역사 용어 정리하기

☐ · ☐ ☐ ☐ 은 1937년부터 1945년까지 일제와 중국이 벌인 전쟁입니다.

제2차 세계 대전

1939년부터 1945년까지 벌어진 인류 역사상 가장 큰 전쟁입니다

1920년대 말에 전 세계 경제가 갑자기 나빠졌어요.

독일, 일본, 이탈리아는 다른 나라를 침략해 어려움을 해결하려고 했지요.

1939년에 독일이 폴란드를 침략하면서 유럽에서 전쟁이 시작되었어요.

아시아를 침략하던 일본이 미국 진주만을 공격하고 독일이 소련을 공격하면서,

미국과 소련 또한 전쟁에 참가했지요.

유럽, 아시아, 아프리카 등 세계 곳곳이 전쟁터가 되었고, 수많은 사람이 죽었어요.

1945년 미국의 원자 폭탄 공격에 일본이 마지막으로 항복하면서 전쟁이 끝났지요.

기간
1939년~**1945**년

참가국
50여 개국

전사자
약 **2,700**만 명

알쏭달쏭
바로알기

틀린 곳을 맞게 고쳐 쓰세요.

• 제2차 세계 대전은 독일이 ~~칠레~~를 침략하면서 시작되었습니다. (   )

• 제2차 세계 대전 때 일본은 ~~영국~~ 진주만을 공격했습니다. (   )

• 제2차 세계 대전은 ~~독일~~이 마지막으로 항복하면서 끝났습니다. (   )

역사 용어
정리하기

제2차 ⬜⬜⬜⬜은 1939년부터 1945년까지 벌어진 큰 전쟁입니다.

태평양 전쟁

1941년에 일본이 미국 진주만을 공격해 시작된 전쟁입니다

제2차 세계 대전 중에 아시아에서 일본과 미국·영국 등의 연합군이 싸운 전쟁이에요.
일본은 중·일 전쟁이 힘들어지자 자원이 많은 동남아시아로 침략 방향을 바꿨어요.
그러다 1941년에 미국 태평양 함대 기지가 있는 하와이의 진주만을 기습 공격했지요.
공격을 받은 미국이 전쟁에 참가하면서 태평양 전역이 전쟁터가 되었습니다.
연합군은 미드웨이 해전에서 일본군을 무찌른 뒤 전쟁에서 이기기 시작했지요.

일본

태평양

진주만

알쏭달쏭
바로알기

두 단어 중에 맞는 것에 ○표 하세요.

• 태평양 전쟁은 (제1차, 제2차) 세계 대전의 일부입니다.

• 태평양 전쟁은 (아시아, 아프리카)에서 벌어졌습니다.

• 일본이 (하와이, 알래스카)의 진주만을 기습 공격했습니다.

역사용어
정리하기

☐☐☐ ☐☐은 1941년에 일본이 미국 진주만을 공격해 시작된 전쟁입니다.

국가 총동원법

일제가 사람이나 물자를 마음대로 거두려고 만든 법입니다

일제는 전쟁을 위해 1938년에 이 법을 만들었어요.

일본 왕이 명령만 내리면 사람, 시설·물자 등을 언제든지 거둬들일 수 있으며,

자금·물가 등을 제한할 수 있다는 내용이지요.

이 법에 따라 국민 징용령, 징병제, 여자 정신대 근무령 등이 실시되어

우리나라 사람들이 전쟁터로 끌려갔어요.

또한 전쟁에 필요한 물자들을

강제로 빼앗아 갔고, 식량 같은

생활필수품은 배급을 했지요.

대일본국을 위해
모든 것을 바쳐라!

국가 총동원법

틀린 곳을 맞게 고쳐 쓰세요.

• 국가 총동원법은 일제가 ~~평화~~를(을) 위해 만들었습니다. (   )

• 국가 총동원법은 ~~1928년~~에 만들어졌습니다. (   )

• 국가 총동원법에 따라 징용령, ~~장병제~~가 실시되었습니다. (   )

□□□□□□은 일제가 사람이나 물자를 거두려고 만든 법입니다.

국민 정신 총동원 조선 연맹

1938년에 조선 총독부 지시로 만든 친일 단체입니다

국가 총동원법이 만들어진 뒤에 조직된 친일 단체예요.
일본, 한국의 단체들과 사회 지도층 인사들이 참여했지요.
한국 쪽에서는 조선 기독교 연합회, 조선 문예회 같은 단체와
최린, 윤치호, 김성수, 박흥식, 방응모 등이 참여했어요.
이 단체는 '황국 정신 드높이기', '내선일체 완성' 등을 목표로 삼았어요.
일제에 적극 협력해 창씨개명과 전쟁 참가를 선전하고,
전쟁 헌금 모금, 일본어 강습회 개최 등의 활동을 했지요.

전쟁 헌금 모금

창씨개명

전쟁 참가

일본어 강습회

알쏭달쏭 바로 알기

틀린 곳을 맞게 고쳐 쓰세요.

• 국민 정신 총동원 조선 연맹은 1948년에 만들어졌습니다. (   )

• 국민 정신 총동원 조선 연맹은 항일 단체입니다. (   )

• 국민 정신 총동원 조선 연맹은 대한 제국에 적극 협력했습니다. (   )

역사 용어 정리하기

☐☐☐☐☐☐☐ 조선 연맹은 1938년에 만든 친일 단체입니다.

공출

일제가 우리나라의 식량과 물자를 강제로 가져간 것을 말합니다

공출(供出)은 나라가 필요로 할 때 농작물 등을 의무적으로 내놓는다는 뜻이에요.
일제는 침략 전쟁을 하면서 각종 법과 명령을 만들어 식량과 물자를 가져갔어요.
조선 총독부는 군대가 먹을 식량을 마련한다며 강제로 쌀을 빼앗고
보리, 면화, 고사리 등도 가져갔지요.
또한 놋그릇, 수저, 교회 종 같은 금속도 가져가 무기를 만들었어요.
그리고는 식량을 비롯한 생필품을 최소한으로 배급했지요.

내용이 맞으면 ○표를, 틀리면 X표를 하세요.

• 일제는 전쟁에 필요한 식량과 물자를 강제로 빼앗았습니다.   (   )

• 조선 총독부는 군대가 먹을 쌀만 가져갔습니다.   (   )

• 일제는 무기를 만드는 데 필요한 금속도 모두 가져갔습니다.   (   )

☐☐은 일제가 우리나라의 식량과 물자를 강제로 가져간 것을 말합니다.

징용

일제가 한국인을 강제로 데려가 노동을 시킨 것을 말합니다

강제로 끌고 가 노동을 시켜 '강제 징용'이라고도 해요.

일제는 침략 전쟁을 벌이면서 노동력이 부족해지자

징용령을 내려 한국인을 노동자로 끌고 갔어요.

징용된 사람들은 일본, 사할린, 중국, 남태평양의 여러 섬으로 끌려갔어요.

그곳의 탄광, 비행장, 군수 공장, 철도 공사장 등에서 감시를 받으며 일했지요.

여성들은 정신대로 끌려가 군수 공장에서 일하거나 일본군 위안부가 되었답니다.

알쏭달쏭
바로알기

틀린 곳을 맞게 고쳐 쓰세요.

• 일제는 ~~징병령~~을 내려 한국인을 노동자로 끌고 갔습니다. (   )

• 한국인들은 일본, 사할린, ~~북태평양~~의 섬으로 끌려갔습니다. (   )

• 일제는 ~~정성대~~라는 이름으로 한국 여성도 끌고 갔습니다. (   )

역사 용어
정리하기

☐☐은 일제가 한국인을 강제로 데려가 노동을 시킨 것을 말합니다.

징병

일제가 한국 젊은이들을 전쟁에 동원한 일입니다

징병은 병사(병兵)를 모은다(징徵)는 뜻이에요.

일제는 중·일 전쟁과 태평양 전쟁을 치르면서 군인이 많이 필요했어요.

처음에는 가난한 청년과 학생들에게 지원하라고 했지요.

전쟁이 길어지자 징병제를 실시해서

한국 젊은이들을 일본군에 강제로 입대시켜 전쟁터로 끌고 갔어요.

청년들은 징병을 피해 도망하거나 군대에서 탈출해 독립군이 되기도 했답니다.

알쏭달쏭 바로알기

틀린 곳을 맞게 고쳐 쓰세요.

• 징병은 명사를 모은다는 뜻입니다. (   )

• 일제는 전쟁을 치르면서 상인이 많이 필요했습니다. (   )

• 일제는 한국 젊은이들을 중국군에 강제로 입대시켰습니다. (   )

역사 용어 정리하기

일제가 한국 젊은이들을 전쟁터에 동원한 것을 ☐☐이라고 합니다.

26

일본군 위안부

전쟁터에서 일본군에게 성 착취를 당한 여성들입니다

국제 연합 인권 위원회에서는
'일본군 성 노예'라고 해요.
일제는 일자리를 소개해 준다고 속이거나
납치해서 한국 여성들을 끌고 갔어요.
일본군 위안부는 주로 한국, 중국 등
일제가 침략한 지역의 여성들이었어요.
그중 한국 여성이 가장 많았지요.
1930년대 말부터는 일본 군대가
직접 위안소를 관리하며,
이들을 성 노예로 부렸어요.
현재 우리나라를 비롯한 여러 나라에서
일본의 사과와 피해 배상을 요구하고
있답니다.

알쏭달쏭
바로알기

두 단어 중에 맞는 것에 ○표 하세요.

• (국제, 유럽) 연합에서는 일본군 위안부를 일본군 성 노예라고 합니다.

• 일제는 1930년대 말부터 (군대, 경찰)에서 직접 위안소를 관리했습니다.

• 일본군 위안부 중에는 (중국, 한국) 여성이 가장 많았습니다.

역사 용어
정리하기

□□□ □□□는 전쟁터에서 일본군에게 성 착취를 당한 여성들입니다.

토막

빈민들이 도시의 공터에 만든 움집이나 움막입니다

일제의 토지 조사 사업과 산미 증식 계획으로 살기 힘들어진 농민들은
1920년대부터 도시로 몰려들었어요.
집세가 없어 도시의 공터에 땅을 파고 가마니를 둘러 허름한 토막을 지었지요.
서울에서는 주로 숭인동, 창신동, 도화동, 청파동 등에 토막이 많았어요.
토막에 사는 토막민은 날품팔이, 행상, 잡일 등을 하며 어렵게 살았습니다.

오늘은 손님이 많으려나?

배고파. 오늘은 꼭 쌀 사 와!

알쏭달쏭 바로알기

틀린 곳을 맞게 고쳐 쓰세요.

• 1920년대에 농민들이 ~~어촌~~(으)로 몰려들었습니다. (   )

• 토막은 도시의 빈터에 허름하게 지은 ~~옷~~집이나 움막입니다. (   )

• 토막에 사는 사람들을 ~~토착~~민이라고 합니다. (   )

역사 용어 정리하기

☐☐ 은 일제 강점기에 빈민들이 도시의 공터에 만든 움집이나 움막입니다.

날품팔이

그날그날 삯을 받고 남의 일을 해 주는 것입니다

농민들은 농촌에서 살기 어려워 도시로 왔지만 여전히 힘들었어요.
대부분 기술이 없어 공장 노동자가 될 수 없었고,
돈이 없어 가게 등을 내기도 어려웠지요.
결국 공사장 막일꾼, 지게로 짐을 대신 날라 주는 지게꾼,
수레에 사람을 태우고 끄는 인력거꾼, 헌옷·빈 병 등을 줍는 넝마주이,
노점상 같은 날품팔이꾼이 되어 하루 벌어 하루 먹고살았지요.

힘들게 일해도 하루 먹고살기도 어렵네.

인력거꾼   넝마주이   노점상   막일꾼

알쏭달쏭
바로알기

틀린 곳을 맞게 고쳐 쓰세요.

• 기술이 없는 사람들은 ~~농장~~ 노동자가 되기 힘들었습니다. (   )

• 헌옷이나 빈 병 등을 줍는 사람을 ~~지게꾼~~(이)라고 합니다. (   )

• 날품팔이는 하루 벌어 ~~보름~~ 먹고살았습니다. (   )

역사 용어
정리하기

☐☐☐☐는 그날그날 삯을 받고 남의 일을 해 주는 것입니다.

2

독립운동

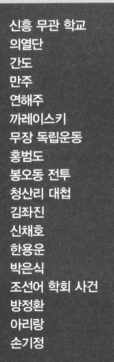

대한민국 임시 정부

독립운동가들이 중국에 세운 우리나라 임시 정부입니다

1919년 3·1 운동 직후에 독립운동을 통일성 있게 지휘하려고 만들었어요.
대한민국이라는 이름은 마지막 왕조인 대한 제국에서 땄는데,
왕이 아닌 국민이 주인이 되는 민주 공화국이라고 해서 이렇게 지었지요.
처음에는 일제의 감시가 미치지 않고 외교에 유리한 중국 상하이에
있었는데, 뒤에 일제를 피해 여러 곳으로 옮겨 다녔어요.
대통령을 비롯한 정부 조직을 갖추고, 임시 헌법도 만들었지요.
임시 정부의 첫 대통령은 이승만입니다.

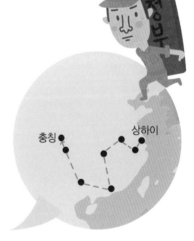

상하이
충칭

대한민국 임시 정부 간부들(1921년)

알쏭달쏭 바로알기

틀린 곳을 맞게 고쳐 쓰세요.

• 대한민국 임시 정부는 1918년에 세워졌습니다. (   )

• 대한민국 임시 정부는 처음에 중국 베이징에 있었습니다. (   )

• 임시 정부의 첫 대통령은 이동녕입니다. (   )

역사 용어 정리하기

☐☐☐☐ ☐☐ ☐☐는 중국에 세운 우리나라 임시 정부입니다.

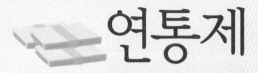

연통제

대한민국 임시 정부와 국내를 잇던 연락망입니다

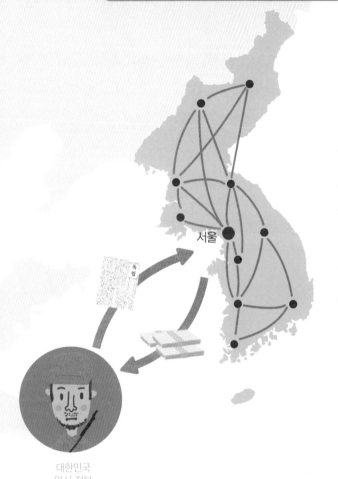

서울

대한민국
임시 정부

이을 연(聯), 통할 통(通), 제도 제(制)로, 대한민국
임시 정부를 국내와 잇는다는 뜻이에요.
대한민국 임시 정부가 업무 연락을 하고
독립 자금을 모으려고 만든 비밀 조직입니다.
임시 정부의 내무부가 업무를 담당했는데,
우리나라 도, 군, 면에 조직을 두었지요.
대한민국 임시 정부의 상황과 명령을 전하고,
독립운동가와 자금을 모았어요.
교사, 학생, 선교사, 승려 등 다양한 사람들이
연통제 활동에 참여했습니다.

틀린 곳을 맞게 고쳐 쓰세요.

• 연통제는 대한제국 임시 정부가 만든 비밀 조직입니다. (　　　　)

• 연통제는 대한민국 임시 정부와 만주를 잇던 연락망입니다. (　　　　)

• 임시 정부는 연락제로 독립운동가와 자금을 모았습니다. (　　　　)

□□□는 대한민국 임시 정부와 국내를 잇던 연락망입니다.

한국 광복군

1940년에 대한민국 임시 정부가 만든 군대입니다

광복군이라고도 하며, 광복이 될 때까지 항일 투쟁을 했습니다.

총사령관은 지청천, 참모장은 이범석이었습니다.

태평양 전쟁 때 영국군 요청으로 버마(지금의 미얀마) 탈환 작전에 파견되기도 했어요.

또한 미군에게 특수 훈련을 받으며 국내 상륙 작전을 준비했지요.

하지만 일본이 예상보다 일찍 항복하면서 상륙 작전은 이루어지지 않았습니다.

우리 군대로 일본을 몰아내자!

알쏭달쏭 바로알기

두 단어 중 맞는 것에 ○표 하세요.

• 광복군은 광복이 될 때까지 (항일, 항명) 투쟁을 했습니다.

• 광복군은 (미국, 영국)군의 요청으로 버마 탈환 작전에 파견되었습니다.

• 광복군은 (한국, 일본) 상륙 작전도 준비했습니다.

역사 용어 정리하기

1940년에 대한민국 임시 정부가 만든 군대는 ☐☐ ☐☐☐ 입니다.

김구

호는 백범이며, 동학 농민 운동과 항일 의병에 참여했어요.
일본인에게 죽은 명성 황후의 원수를 갚겠다며 일본군 중위를 죽여
사형을 당할 뻔했지만, 고종의 특별 사면으로 풀려났지요.
중국으로 가서 대한민국 임시 정부에 참여해 주석에까지 올랐어요.
일제와 직접 맞서려고 한인 애국단과 한국 광복군도 만들었어요.
8·15 광복 뒤에는 남한만의 정부 수립을 반대해
통일 운동을 하다가 암살당했습니다.

"네 소원이 무엇이냐?"고
하느님이 물으신다면 나는 서슴지 않고
"내 소원은 대한 독립이오."라고 대답할 것이다.
"그 다음 소원이 무엇이냐?" 하면
나는 또 "대한민국의 독립이오." 할 것이다.

《백범일지》 중에서

틀린 곳을 맞게 고쳐 쓰세요.

• 김구는 대한민국 임시 정부의 대통령에까지 올랐습니다. (   )

• 김구는 한인 매국단과 한국 광복군을 만들었습니다. (   )

• 김구는 8·15 광복 뒤에 남한만의 정부 수립을 찬성했습니다. (   )

☐☐는 독립운동가이자 통일 운동을 한 정치가입니다.

한인 애국단

일제의 주요 인물을 없애려고 김구가 만든 비밀 단체입니다

1931년에 김구가 중심이 되어 만들었으며, 애국단이라고도 합니다.
일제의 주요 인물을 공격하는 것이 효과적인 독립운동이라고 여겼어요.
암살 대상은 일본 왕, 조선 총독, 조선 침략에 앞장선 일본 장군 등이었지요.
애국단 단원으로는 이봉창, 윤봉길, 최흥식, 유상근, 이덕주 등이 있었습니다.

김구

이봉창   윤봉길   최흥식   유상근

알쏭달쏭
바로알기

틀린 곳을 맞게 고쳐 쓰세요.

• 한인 애국단은 1931년에 ~~홍범도~~가 만들었습니다. (   )

• 한인 애국단의 암살 대상은 ~~중국~~의 주요 인물이었습니다. (   )

• 한인 애국단 단원은 ~~김봉창~~, 윤봉길, 최흥식 등입니다. (   )

역사 용어
정리하기

☐☐☐☐☐은 일본의 주요 인물을 없애려고 만든 비밀 단체입니다.

이봉창

일본 왕 히로히토를 암살하려고 한 독립운동가입니다

철도 회사에서 일하다가 중국으로 가서 한인 애국단에 가입했어요.

일본 왕 히로히토를 죽이려고 일본으로 갔지요.

1932년 1월 8일에 일본 왕이 만주국 황제 부의와 함께

일본 군대를 둘러볼 때 수류탄을 던졌어요.

하지만 실패해 일본 왕을 죽이지는 못했지요.

이봉창은 붙잡혀 비공개 재판을 받고 사형을 당했습니다.

선서문

나는 온 마음을 다해
조국의 독립과 자유를 되찾기 위해
한인 애국단의 일원이 되어
적국의 우두머리를 죽이기로 맹세합니다.

대한민국 13년 12월 한인 애국단 앞 **이봉창**

알쏭달쏭
바로알기

내용이 맞으면 ○표를, 틀리면 X표를 하세요.

• 이봉창은 한인 애국단에 가입했습니다. ( )

• 이봉창은 1932년에 수류탄을 던져 일본 왕을 죽였습니다. ( )

• 이봉창은 재판을 받고 무기 징역을 살았습니다. ( )

역사 용어
정리하기

☐☐☐은 일본 왕 히로히토를 암살하려고 한 독립운동가입니다.

윤봉길

상하이에서 폭탄을 던져 일본 장성 등을 죽인 독립운동가입니다

충청남도 예산에서 태어나 농촌 운동과 독서 운동 등 독립운동을 했어요.
일제의 탄압을 받자 중국으로 건너가 한인 애국단에 가입했지요.
1932년 4월 29일에 상하이의 홍커우 공원에서 일본 왕의 생일 기념식이 열렸어요.
윤봉길은 폭탄이 든 도시락과 물통을 기념식 단상에 던져
일본 상하이 파견군 사령관과 일본 거류민 단장 등을 죽였지요.
윤봉길은 그 자리에서 체포되어 그해 12월에 총살당했습니다.

알쏭달쏭
바로알기

틀린 곳을 맞게 고쳐 쓰세요.

• 윤봉길은 ~~한국~~ 애국단에 가입했습니다. (   )

• 윤봉길이 던진 폭탄에 ~~중국~~ 장성 등이 죽었습니다. (   )

• 윤봉길은 폭탄이 든 도시락과 ~~필통~~을 던졌습니다. (   )

역사 용어
정리하기

□□□은 상하이에서 폭탄을 던져 일본 장성 등을 죽인 독립운동가입니다.

물산 장려 운동

1920년대에 민족 경제를 살리려고 벌인 운동입니다

물산 장려는 각 지역에서 나는 물품(물산物産)이
잘되도록 북돋는다(장려獎勵)는 뜻이에요.
우리 민족이 만든 국산품을 애용해
일본 기업의 힘을 막고
민족 경세를 살리자는 것이지요.
조만식, 김동원 등이 만든 단체인
조선 물산 장려회가 시작했어요.
'우리가 만든 것 우리가 쓰자'는 구호를 내걸고,
국산품 애용, 민족 기업 키우기,
아끼고 저축하기 운동 등을 벌였어요.
물산 장려 운동에는 많은 사람이 참여했어요.
이익을 보는 민족 기업도 있었지요.

조선 물산 장려회

틀린 곳을 맞게 고쳐 쓰세요.

• 물산 장려 운동은 조선 물류 장려회가 시작했습니다. (   )

• 조선 물산 장려회는 수입품 애용 운동 등을 벌였습니다. (   )

• 물산 장사 운동에는 많은 사람이 참여했습니다. (   )

☐☐☐☐☐☐ 은 1920년대에 민족 경세를 살리려고 벌인 운동입니다.

화신 백화점

한국인이 세우고 경영한 첫 백화점입니다

백화점은 여러 상품(백화百貨)을 갖춰 놓은 큰 상점(점店)을 말해요.

박흥식이 종로의 화신상회를 사서 백화점으로 운영했어요. 백화점이 불타자

지하 1층, 지상 6층짜리로 새로 지었는데 당시 한국인이 지은 건물 중 가장 컸어요.

엘리베이터와 에스컬레이터가 있어 지방에서도 구경하러 왔지요.

박흥식은 일제에 협력해 광복 후에 친일 활동으로 잡혀가기도 했어요.

백화점 건물은 도시 개발로 1987년에 철거되었답니다.

두 단어 중에 맞는 것에 ○표 하세요.

•백화점은 여러 (상품, 성품)을 갖춰 놓은 큰 상점입니다.

•화신 백화점은 (백흥식, 박흥식)이 세웠습니다.

•(화신, 화선) 백화점에는 엘리베이터가 있었습니다.

한국인이 세우고 경영한 첫 백화점은 ⬜⬜⬜⬜⬜입니다.

6·10 만세 운동

순종의 장례식 날 일어난 만세 시위운동입니다

순종의 장례식 날인 1926년 6월 10일에 일어나 6·10 만세 운동이라고 해요.
대한 제국의 마지막 황제인 순종은 일제에 나라를 빼긴 뒤
황제 자리에서 쫓겨나 창덕궁에서 지내다 서거했어요.
독립운동가들은 많은 사람이 모이는 장례식 날에 만세 시위를 준비했지요.
일부 독립운동가는 일제에 들켰지만, 순종의 상여가 서울 종로를 지날 때
학생들이 전단을 뿌리며 독립 만세를 외쳤어요.
만세 시위에 많은 시민이 같이 참여했고, 다른 지역으로도 퍼졌어요.

틀린 곳을 맞게 고쳐 쓰세요.

• 1926년 6월 10일은 ~~고종~~의 장례식 날입니다. (   )

• 6·10 만세 운동은 1926년 ~~5월~~ 10일에 벌어졌습니다. (   )

• 6·10 만세 운동은 ~~인천~~ 종로에서 시작되었습니다. (   )

6·10 □□□□은 순종의 장례식 날 일어난 만세 시위운동입니다.

광주 학생 항일 운동

1929년에 광주의 학생들이 시작한 대규모 항일 운동입니다

광주에서 나주로 가는 통학 기차에서 일본 남학생들이
한국 여학생의 댕기를 잡아당기며 괴롭히자
한국 남학생들이 달려들어 싸움이 일어났어요.
그 뒤 일본 학생들과 한국 학생들 사이에
크고 작은 싸움이 계속 일어났지요.
경찰과 교육 기관은 일본 학생들 편만 들었어요.
그러자 1929년 11월 3일 광주에서 학생들이 거리로 나와
'민족 차별 교육 반대', '대한 독립 만세'를 외치며
시위를 크게 벌였어요.
광주에서 시작된 학생들의 항일 시위는 전국으로
퍼져 나갔고, 학생뿐만 아니라 어른들도 함께했지요.

틀린 곳을 맞게 고쳐 쓰세요.

• 광주 학생 항일 운동은 ~~평양~~에서 일어났습니다. (   )

• 광주 학생 항일 운동은 ~~상인~~들이 중심이 되었습니다. (   )

• 광주 학생들은 ~~계급~~ 차별 교육 반대, 독립 만세를 외쳤습니다. (   )

□□□□ 항일 운동은 1929년에 광주 학생들이 벌인 항일 운동입니다.

신간회

여러 독립운동 단체가 함께 모여 만든 항일 단체입니다

신간회

조병옥
한용운
신채호
신석우
안재홍
이상재

백관수
김병로
홍명희
허헌
조만식

'고목에 새(新) 가지(幹)가 돋는다.'는
말을 따서 이름을 지었어요.
3·1 운동 이후 일제는 우리 민족을
분열시키려고 했어요.
이에 맞서 독립운동 단체들은
하나로 모여 1927년에 신간회를 만들었지요.
이상재, 안재홍, 홍명희, 신채호 등을 중심으로
여러 농민, 노동 단체가 참여했어요.
신간회는 일제의 식민 정책을 비판하고
우리 민족의 권리를 지키려고 했습니다.
그러나 일제가 간부들을 체포한데다
지도부 안의 독립운동 방법이 서로 달라
스스로 문을 닫았어요.

알쏭달쏭 바로알기

내용이 맞으면 ○표를, 틀리면 X표를 하세요.

• 신간회는 1827년에 만들었습니다. ( )

• 신간회에는 이상재, 안재홍, 홍명희, 신채호 등이 참여했습니다. ( )

• 신간회는 중국의 식민 정책을 비판했습니다. ( )

역사 용어 정리하기

□□□는 여러 독립운동 단체가 함께 모여 만든 항일 단체입니다.

근우회

여러 여성 운동 단체가 함께 모여 만든 항일 단체입니다

1927년에 신간회가 만들어지자
여러 여성 단체가 단결해
근우회를 만들었어요.
근우회는 '조선 여성의 굳은 단결,
조선 여성의 지위 향상'을 목표로 삼았지요.
근우회에는 김활란, 황신덕, 허정숙,
주세죽 등이 참여했어요.
일제는 일제의 정책에 협조하며
잘 따르는 것이 여성의 미덕이라고 했어요.
이에 맞서 근우회는 여성을 힘들게 하는
낡은 풍습 없애기, 여성 노동자 권리
지키기, 항일 운동 돕기 등의
활동을 했지요. 신간회가 없어지자
근우회도 흩어졌어요.

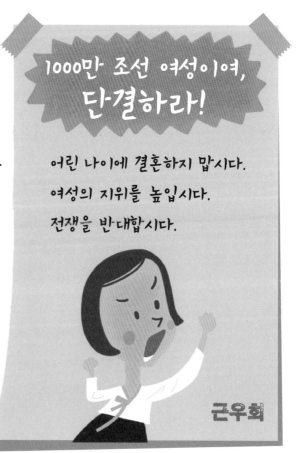

1000만 조선 여성이여,
단결하라!

어린 나이에 결혼하지 맙시다.
여성의 지위를 높입시다.
전쟁을 반대합시다.

근우회

알쏭달쏭
바로알기

틀린 곳을 맞게 고쳐 쓰세요.

• 근우회는 ~~남성~~ 운동 단체들이 단결해 만들었습니다. (   )

• ~~근면회~~의 목표는 조선 여성의 단결과 지위 향상입니다. (   )

• 근우회는 ~~신민회~~가 해체되자 뒤를 따라 없어졌습니다. (   )

역사 용어
정리하기

□□□는 여러 여성 운동 단체가 함께 모여 만든 항일 단체입니다.

원산 총파업

1929년에 원산 노동자들이 다 함께 벌인 파업입니다

총파업은 많은 노동자가 하던 일을
다 함께 중지하는 것을 말합니다.
함경도 원산의 한 회사에서 일본인 감독이
한국인 노동자를 때린 일이 일어났어요.
노동자들은 파업을 하며
사과와 근무 조건 개선을 요구했어요.
회사는 요구를 받아들이겠다는 약속을 어기고
노동조합과 노동 단체를 없애려고 했지요.
그러자 원산의 다른 노동자들도 동참해
총파업을 벌였어요.
노동자들은 생계의 어려움을 무릅쓰고
4개월간이나 파업을 계속했어요.
외국 노동자들도 원산 노동자들을 지지하고
격려를 보냈어요.

○○일보

단체 교섭권과
8시간 노동제 보장하라!

파업이 계속되면서 1만 명이 넘는 노동자 가족들은 생활고에 시달렸어요. 이에 전국의 여러 노동 단체에서 도움을 주려고 했지요. 일본, 중국, 프랑스의 노동 단체들도 이들을 격려했다고 합니다.

파업이 끝날 때까지 술을 끊고 매일 1인당 5전씩 파업 지원금을 냅시다.

알쏭달쏭
바로알기

틀린 곳을 맞게 고쳐 쓰세요.

• 원산 총파업은 군산에서 일어났습니다. (   )

• 원산은 평안도에 있는 도시입니다. (   )

• 원산 총파업은 4개월간 계속되었습니다. (   )

역사 용어
정리하기

1929년에 원산 지역 노동자들이 다 함께 벌인 파업은 □□ □□□ 입니다.

농촌 계몽 운동

지식인들이 농촌으로 가서 농민을 가르친 운동입니다

브나로드 운동

다 함께 가르치자! 배우자!

일제의 식민 지배로 농민의 삶이 점점 어려워졌어요.
조선일보와 동아일보는 농촌 계몽 운동을 벌였어요.
특히 동아일보는 '브나로드 운동'을 벌였는데,
브나로드(в народ)는 러시아 말로, '민중 속으로'라는 뜻이에요.
많은 지식인과 학생이 농촌으로 가서 강습소와 야학을 열어
글자와 계산을 가르치고, 위생적인 생활을 하도록 교육했지요.
이 운동이 민족의식을 일깨우자 총독부가 금지했어요.

알쏭달쏭
바로알기

두 단어 중에 맞는 것에 ○표 하세요.

• 농촌 계몽 운동은 지식인들이 (농민, 도시민)을 도우려고 벌였습니다.

• (매일신보, 동아일보)가 브나로드 운동을 벌였습니다.

• 지식인과 학생은 (농촌, 도시)에서 강습소와 야학을 열었습니다.

역사용어
정리하기

☐☐ ☐☐ ☐☐은 지식인들이 농촌으로 가서 농민을 가르친 운동입니다.

신흥 무관 학교

1910년대에 만주에서 독립군을 길러 낸 학교입니다

나라를 뺏기자 이회영 형제, 이동녕 등은 독립운동을 하러 만주로 갔어요.
그곳에서 신흥 강습소를 세워 민족의식을 북돋우고 독립군을 길렀지요.
신흥 강습소는 신흥 무관 학교로 발전했어요.
신흥 무관 학교 학생들은 오전 7시부터 오후 8시까지
군사·민족정신·건설 교육 등을 받았어요.
신흥 강습소와 신흥 무관 학교를 졸업한 독립군은 2,000명이 넘었고,
이들은 여러 독립운동 단체에서 활발한 활동을 했습니다.

신흥 무관 학교 일과표

오전 6시	잠자리에서 일어나기, 체조
7시	아침 식사, 조회
오전 수업	군사학과 일반 과목
오후 수업	군사 훈련과 농사짓기
오후 9시	잠자리에 들기

틀린 곳을 맞게 고쳐 쓰세요.

• 신흥 무관 학교는 ~~연해~~주에 있었습니다. (   )

• 신흥 무관 학교는 신흥 ~~야학~~에서 발전했습니다. (   )

• 학생들은 ~~미술~~·민족정신·건설 교육 등을 받았습니다. (   )

☐☐☐☐☐☐는 1910년대에 만주에서 독립군을 길러 낸 학교입니다.

의열단

1919년에 만주에서 만든 비밀 독립운동 단체입니다

단장은 김원봉이고, 단원은 김익상, 나석주, 박재혁 등이었습니다.
의열단은 일제에 큰 피해를 주는 직접 공격을 해야 한다고 했어요.
일본의 주요 관리 암살, 침략에 앞장서는 관청 파괴 활동을 주로 했지요.
조선 총독, 일본군 간부, 주요 친일파, 일본 앞잡이 노릇을 하는
밀정 등이 암살 목표였어요.
조선 총독부, 동양 척식 주식회사, 부산·종로 경찰서에는 실제로 폭탄을 던졌어요.

의열단 단원들

조국의 이름으로 응징한다!

종로 경찰서

알쏭달쏭 바로알기

틀린 곳을 맞게 고쳐 쓰세요.

• 의열단의 단장은 ~~김구~~입니다. (   )

• 의열단은 ~~미국~~ 총독, 군 간부, 친일파 등을 암살하려 했습니다. (   )

• 의열단은 ~~서양~~ 척식 주식회사에도 폭탄을 던졌습니다. (   )

역사 용어 정리하기

1919년에 만주에서 만든 비밀 독립운동 단체는 □□□입니다.

간도

무장 독립운동이 활발했던 두만강 너머 북쪽 지역입니다

간도 일대가 들어간
대한 제국 때 지도

조선 말부터 우리나라 사람들이 두만강을
건너가 간도에 살면서 농토를 개간했어요.
이 지역을 두고 조선과 청나라는
서로 자기 땅이라고 주장했지요.
대한 제국은 간도 일대가 우리 땅임을
확실히 하려고 관리를 보냈어요.
하지만 대한 제국의 외교권을 빼앗은 일제는
1909년에 청과 간도 협약을 맺고
간도를 청나라에 넘겼어요.
일제 강점기에 독립운동가들은
간도에서 활발하게 독립운동을 했지요.
간도였던 지금의 연변 조선족 자치주에는
아직도 조선족이 많이 살고 있답니다.

알쏭달쏭
바로알기

내용이 맞으면 ○표를, 틀리면 X표를 하세요.

• 조선 말부터 간도에 우리나라 사람들이 많이 살았습니다. ( )

• 간도 협약으로 간도는 러시아 땅이 되었습니다. ( )

• 일제 강점기에 간도에서 독립운동이 활발했습니다. ( )

역사 용어
정리하기

무장 독립운동이 활발했던 두만강 너머 북쪽 지역은 ☐☐ 입니다.

만주

중국의 랴오닝 성, 지린 성, 헤이룽장 성 지역입니다.
만주 지역 중 우리나라와 가까운 지역을
따로 간도라고 해요.
만주는 옛날엔 고구려와 발해의 영토였어요.
일제에 나라를 뺏긴 뒤 우리나라
사람들이 농사를 짓거나 독립운동을 하려고
만주로 옮겨 가 살았지요.
1931년에 일제는 이 지역을 점령하고
만주국을 세워 식민지로 삼았어요.
일제 강점기에 만주에는 우리나라와
중국의 독립운동가, 일제 침략자 등
한국, 중국, 일본 사람들이
뒤섞여 살았지요.

알쏭달쏭
바로알기

틀린 곳을 맞게 고쳐 쓰세요.

• 만주는 중국의 랴오닝 성, 허난 성, 헤이룽장 성 지역입니다. (   )

• 만주는 고구려와 신라의 영토였습니다. (   )

• 1931년에 일제가 만주에 간도국을 세웠습니다. (   )

역사 용어
정리하기

☐☐는 중국 북동부에 있는 둥베이 지역을 일컫는 말입니다.

연해주

연해주

블라디보스토크

러시아의 가장 동남쪽에 있는
프리모르스키 지방인데,
우리는 연해주라고 부르지요.
우리나라 함경북도와 닿아 있으며,
주요 도시는 블라디보스토크입니다.
발해의 영토였는데, 발해가 멸망한 뒤
숙신, 말갈, 여진이 살았어요.
1860년부터는 러시아 땅이 되었지요.
우리나라 사람들은 조선 후기부터 이곳에
옮겨 가 살기 시작했어요.
일제가 우리나라를 점령하자
독립운동가들이 연해주로 건너가
여러 단체와 군대를 만들고
무장 독립운동을 활발히 벌였지요.

알쏭달쏭
바로알기

틀린 곳을 맞게 고쳐 쓰세요.

• 연해주는 캐나다의 가장 동남쪽에 있습니다. (   )

• 연해주는 우리나라 경상북도와 닿아 있습니다. (   )

• 일제 강점기 때 연해주에서 문장 독립운동이 활발했습니다. (   )

역사 용어
정리하기

□□□는 무장 독립운동이 활발했던 러시아의 동남쪽 지방입니다.

까레이스키

중앙아시아를 비롯해 옛 소련 땅에 사는 한민족을 말합니다

까레이스키는 러시아 어에서 비롯된 말로 고려인, 즉 한민족을 가리켜요.

주로 연해주에 살던 우리나라 사람들이지요.

1937년에 소련은 연해주에 사는 한국인이 일본인과 구별하기 어렵고

일본의 앞잡이가 될 수 있다고 여겨 한국인의 강제 이주를 결정했어요.

소련은 17만여 명이나 되는 한국인을 열차에 태워

수천 킬로미터나 먼 중앙아시아로 보냈어요.

그 과정에서 많은 사람이 추위와 굶주림, 병으로 죽었지요.

중앙아시아 여러 곳에 도착한 사람들은 황무지를 일구며 살게 되었답니다.

중앙아시아

우즈베키스탄 / 카자흐스탄 / 소 련 / 블라디보스토크

두 단어 중에 맞는 것에 ○표 하세요.

• 까레이스키는 (그리스 어, 러시아 어)로 한민족을 가리킵니다.

• 까레이스키는 주로 (연해주, 진주)에 살던 한국인이었습니다.

• 까레이스키는 1930년대에 (중앙, 동남)아시아로 보내졌습니다.

☐☐☐☐☐는 옛 소련 땅에 사는 한민족을 말합니다.

무장 독립운동

일제와 직접 전쟁을 해서 나라를 되찾으려 한 독립운동입니다

1910년대에 독립운동가들은 일제의 감시가 덜하고 우리 동포가 많은
만주, 연해주로 건너가 독립군 기지와 부대를 만들어 독립군을 길러 냈어요.
독립군은 일제에 맞서 총칼을 들고 싸우는 무장 독립운동이
가장 적극적이고 효과적인 독립운동이라고 여겼지요.
3·1 운동 이후에 독립군은 적극적으로 무장 독립운동을 벌였어요.
대표적인 전투가 봉오동 전투와 청산리 대첩이지요.
일제는 독립군을 없애려고 만주의 한국인 마을을 불태우고 민간인을 죽였답니다.

독립군의 입단 조건

1. 만주 벌판에서 얼어 죽을 각오가 되어 있는가?

2. 만주 벌판에서 굶어 죽을 각오가 되어 있는가?

3. 감옥에 들어갈 준비가 되어 있는가?

4. 총칼 앞에 목숨을 바칠 각오가 되어 있는가?

틀린 곳을 맞게 고쳐 쓰세요.

• 무장 독립운동을 한 사람들을 ~~사냥꾼~~이라고 합니다. (   )

• 독립군은 만주, ~~흑해주~~에 독립군 기지를 만들었습니다. (   )

• 대표적인 무장 독립운동은 ~~동삼동~~ 전투와 청산리 대첩입니다. (   )

☐☐☐ ☐☐☐은 일제와 전쟁을 해서 나라를 되찾으려 한 독립운동입니다.

52

홍범도

백두산 일대에서 산짐승을 잡는 포수였는데 총 솜씨가 아주 빼어났어요.
일제는 대한 제국의 군대를 해산하면서 포수들의 총도 거둬들였어요.
그러자 홍범도는 동료 포수들을 모아 일본군을 공격했지요.
나라를 뺏긴 뒤에는 만주로 건너가 대한 독립군 총사령관이 되었어요.
1920년에는 봉오동, 청산리에서 일본군을 크게 무찔렀지요.
그 뒤 일본군을 피해 독립군을 이끌고 소련(지금의 러시아)으로 갔어요.
소련의 강제 이주 정책 때 카자흐스탄으로 가서 그곳에서 사망했어요.

> 호랑이 잡던 총으로 왜놈을 쏘겠다.

> 홍대장이 가는 길에 일월이 명랑한데
> 왜적 군대 가는 길에는 비가 내린다.
> 에행야 에행야 에행야
> 왜적 군대가 막 쓰러진다.
>
> '날으는(나는) 홍범도가' 중에서

알쏭달쏭 바로 알기

틀린 곳을 맞게 고쳐 쓰세요.

• 홍범도는 ~~한라~~산 일대에서 산짐승을 잡던 포수입니다. (   )

• 홍범도는 ~~한국~~ 독립군 총사령관이 되었습니다. (   )

• 홍범도는 봉오동, 청산리에서 ~~중국~~군을 크게 무찔렀습니다. (   )

역사 용어 정리하기

봉오동 전투를 승리로 이끈 독립군 대장은 ☐☐☐입니다.

봉오동 전투

간도의 봉오동 등에서 독립군 부대가 일본군을 이긴 싸움입니다

봉오동은 우리나라와 가까운 중국 지린 성에 있어요.

1920년 6월에 홍범도의 대한 독립군과 다른 독립군 부대가 봉오동에 모였어요.

연합 부대는 국경을 넘어 일제 초소를 공격했고,

일본군이 뒤쫓자 삼둔자에서 일본군을 물리쳤어요.

일본군이 계속 추격하자 독립군 부대는 주민들을 대피시킨 뒤

일본군을 봉오동 골짜기로 끌어들여 큰 승리를 거두있어요.

일본군은 약 400명이 죽거나 다쳤지만, 독립군의 피해는 적었지요.

알쏭달쏭 바로알기

내용이 맞으면 ○표를, 틀리면 X표를 하세요.

• 봉오동은 우리나라와 가까운 중국 지린 성에 있습니다. (　　)

• 봉오동 전투에서 홍범도는 대한 독립군을 이끌었습니다. (　　)

• 봉오동 전투는 1929년에 벌어진 싸움입니다. (　　)

역사용어 정리하기

□□□□□는 봉오동 등에서 독립군 부대가 일본군을 이긴 싸움입니다.

54

청산리 대첩

독립군 연합 부대가 청산리 일대에서 일본군을 이긴 싸움입니다

일제는 봉오동 전투에서 진 뒤 독립군을 완전히 없애려고 대부대를 출동시켰어요.
김좌진의 북로 군정서군, 홍범도의 대한 독립군을 비롯한 여러 독립군 부대는
일본군을 피해 백두산 근처로 옮겨 갔지요.
그리고 모든 부대가 힘을 합쳐 1920년 10월 21일부터 6일 동안 청산리 일대
여러 곳에서 10여 차례나 일본군과 치열하게 싸워 크게 이겼어요.
일본군은 이를 앙갚음하려 우리 동포를 많이 죽이고, 독립군 부대를 뒤쫓았지요.

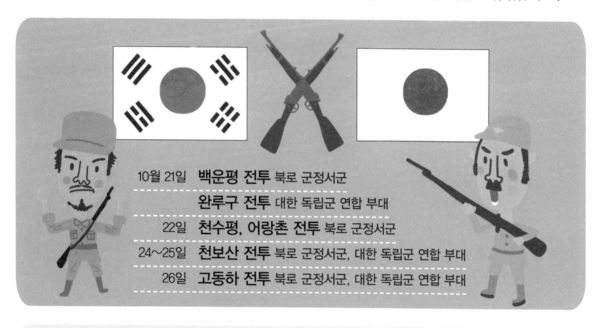

10월 21일	백운평 전투	북로 군정서군
	완루구 전투	대한 독립군 연합 부대
22일	천수평, 어랑촌 전투	북로 군정서군
24~25일	천보산 전투	북로 군정서군, 대한 독립군 연합 부대
26일	고동하 전투	북로 군정서군, 대한 독립군 연합 부대

알쏭달쏭 바로알기

틀린 곳을 맞게 고쳐 쓰세요.

• 청산리 대첩에는 ~~김구~~ 부대와 홍범도 부대가 참여했습니다. ( )

• 청산리 대첩은 독립군 부대들이 ~~러시아~~군을 이긴 싸움입니다. ( )

• 독립군 부대들은 ~~청백리~~ 일대에서 일본군을 크게 이겼습니다. ( )

역사 용어 정리하기

□□□ □□은 독립군들이 청산리 일대에서 일본군을 이긴 싸움입니다.

김좌진

청산리 일대에서 일본군을 크게 이긴 독립운동가입니다

충청도 홍성의 부유한 집안에서 태어났지만,
집의 노비를 모두 해방하고 논밭도 나누어 주었어요.
그 뒤 학교를 세우고 서북학회 같은 단체를 조직해 애국 계몽 운동을 했지요.
일제에 체포되어 감옥살이를 한 뒤 만주로 가 북로 군정서군 총사령관이 되었어요.
1920년에 홍범도 등이 이끄는 독립군 연합 부대와 함께
청산리 일대에서 일본군을 크게 이겼어요.
독립군 지도자로 계속 활동하다 갈등을 빚던 공산주의자에게 암살당했지요.

노비 해방
재산 정리

학교 설립
애국 계몽 운동

무장 독립운동
청산리 대첩

알쏭달쏭
바로알기

틀린 곳을 맞게 고쳐 쓰세요.

• 김좌진은 ~~교회~~를 세우고 애국 계몽 운동을 했습니다. (   )

• 김좌진은 만주에서 ~~대한~~ 독립군 총사령관이 되었습니다. (   )

• 김좌진 부대는 ~~연해주~~ 일대에서 일본군을 크게 이겼습니다. (   )

역사용어
정리하기

청산리 일대에서 일본군을 크게 이긴 독립운동가는 ☐☐☐입니다.

신채호

무장 투쟁을 강조한 독립운동가이자 역사학자입니다

유학을 공부해 성균관 박사가 되었지만 관직을 버리고
황성신문, 대한매일신보 등에서 기자로 활약했어요.
나라의 주권이 흔들리자 《이순신전》, 《을지문덕전》 등 나라를 구한
영웅들의 전기를 써서 민족의 애국심을 북돋우려고 했어요.
신채호는 독립은 협상이 아니라 싸움으로 얻는다며 무장 투쟁의 길을 걸었지요.
또한 우리 고대 역사를 다룬
《조선상고사》를 썼어요.
이 책에서 신채호는 우리 민족이
독자적으로 발전해야 하며,
민족의 주체는 민중이라고 했어요.

두 단어 중에 맞는 것에 ○표 하세요.

• 신채호는 《을지문덕전》, 《만덕전》 같은 영웅들의 전기를 썼습니다.

• 신채호는 독립은 (협상, 싸움)으로 얻는 것이라고 주장했습니다.

• 신채호는 《조선상고사》, 《한국통사》를 썼습니다.

일제에 맞서 무장 투쟁을 강조한 독립운동가이자 역사학자는 □□□입니다.

한용운

용운은 불교 이름이고, 호는 만해예요.

우리 불교가 일본식으로 변해가자 이를 비판하며 불교를 개혁하려고 했어요.

3·1 운동 때에는 민족 대표 33인의 한 사람으로 참여했다 감옥에 갇혔어요.

석방된 뒤에도 독립운동을 계속해 신간회에서 활동했지요.

한용운은 일제와는 절대 타협하지 않았어요.

심우장이라는 집을 지을 때도 총독부가 보이지 않는 쪽으로 집을 앉힐 정도였어요.

시인으로도 뛰어나서 《님의 침묵》이라는 유명한 시집이 있어요.

틀린 곳을 맞게 고쳐 쓰세요.

• 한용운은 유교를 개혁하고자 했습니다. (   )

• 한용운은 3·1 운동 때 계급 대표 33인의 한 사람이었습니다. (   )

• 한용운은 《남의 침묵》이라는 유명한 시집을 남겼습니다. (   )

☐☐☐은 독립운동을 한 승려이자 시인입니다.

58

박은식

한국통사를 쓴 역사학자이자 독립운동가입니다

대한 제국 때 독립협회와 신문사에서 활동했어요.

나라를 뺏긴 뒤 만주로 가 독립운동을 하면서 역사책인 《한국통사》를 썼어요.

《한국통사》는 1863년부터 1911년까지를 다루었는데,

일제가 우리나라를 침략하고 빼앗아 가는 과정을 한문으로 썼지요.

박은식은 이 책에서 나라를 잃어도 역사를 잃지 않는다면

다시 일어설 수 있다고 했어요.

3·1 운동 뒤에는 독립운동의 역사를 다룬

《한국독립운동지혈사》를 썼어요.

대한민국 임시 정부의 2대 대통령을 지냈지요.

알쏭달쏭 바로 알기

틀린 곳을 맞게 고쳐 쓰세요.

• 박은식은 ~~국어~~책인 《한국통사》를 썼습니다. (   )

• 《한국통사》는 ~~미제~~가 우리나라를 뺏은 과정을 다루었습니다. (   )

• 박은식은 ~~대한 제국~~ 임시 정부의 2대 대통령을 지냈습니다. (   )

역사 용어 정리하기

《한국통사》를 쓴 역사학자이자 독립운동가는 ☐☐☐ 입니다.

조선어 학회 사건

일제가 조선어 학회 회원들을 감옥에 가둔 사건입니다

한글을 연구하는 조선어 연구회가 1931년에 조선어 학회로 이름을 바꾸었어요.
《한글》이라는 잡지를 펴내고, 한글 맞춤법 통일안을 정했어요.
또한 《우리말 큰사전》을 펴내려고 했지요.
1942년에 일제는 조선어 학회가 학술 단체로 위장한 독립운동 단체라며,
이윤재, 최현배, 이극로 등 회원 30여 명을 감옥에 가두었어요.
이 사건으로 조선어 학회는 없어지고 광복 후에 지금의 한글 학회가 만들어졌지요.

우리말
큰사전

알쏭달쏭
바로알기

내용이 맞으면 ○표를, 틀리면 X표를 하세요.

• 조선어 학회는 한문을 연구하기 위해 만든 단체입니다. ( )

• 조선어 학회에서 《한글》이라는 잡지를 펴냈습니다. ( )

• 일제는 조선어 학회를 독립운동 단체라고 여겼습니다. ( )

□□□□□ 사건은 일제가 조선어 학회 회원들을 잡아 가둔 사건입니다.

방정환

청소년 단체를 만들어 활동했고, 3·1 운동에도 참여했어요.
일본으로 유학 가서 어린이의 심리와 문학을 공부했지요.
방정환은 민족의 미래가 어린이에게 있다며 어린이를 존중하는 운동을 펼쳤어요.
'어린이'라는 말을 처음으로 만들어 썼고, 어린이에게 존댓말을 쓰자고 했지요.
어린이 잡지 《어린이》를 펴냈으며, 어린이 문화 단체 색동회도 만들었어요.
1923년 5월 1일에는 첫 어린이날 행사를 했는데,
서울에 전단 10만 장 이상을 뿌리며 어린이날을 널리 알렸지요.

어린이는 민족의 미래!

어린이를 내려다보지 마시고 쳐다보아 주시오.
어린이를 가까이 하시어 자주 이야기하여 주시오.
어린이에게 경어를 쓰시되 부드럽게 하여 주시오.
이발이나 목욕, 의복 같은 것은 때맞춰 하도록 하여 주시오.
잠자는 것과 운동하는 것을 충분히 하여 주시오.
산보나 소풍 같은 것은 가끔 가끔 시켜 주시오.

알쏭달쏭 바로알기

틀린 곳을 맞게 고쳐 쓰세요.

• 방정환은 민족의 미래가 ~~어른~~에게 있다고 생각했습니다. (   )

• 방정환은 ~~아이~~라는 말을 처음으로 만들어 썼습니다. (   )

• 1923년 5월 1일에 첫 ~~어버이~~날 행사를 했습니다. (   )

역사 용어 정리하기

어린이날을 만든 아동 문학가는 ☐☐☐ 입니다.

아리랑

나운규가 시나리오를 쓰고 감독과 주연을 맡은 영화입니다

1926년에 단성사에서 처음 개봉했고, 전국에서 큰 인기를 끌었어요.

무성 영화여서 화면만 나오고, 대사와 해설은 변사가 했지요.

주인공 영진은 3·1 운동에 참여했다가 잡혀 고문을 받고 미쳐 버렸어요.

미친 영진은 마을 사람을 괴롭히는 일제의 앞잡이를 죽여요.

영진이 일본 순사에게 잡혀갈 때 가수가 무대에서 주제가 '아리랑'을 불렀어요.

이때 관객들도 같이 울며 식민지 백성의 서러움을 터뜨렸다고 해요.

현재 필름은 남아 있지 않습니다.

아리랑 아리랑 아라리요
아리랑 고개로 넘어 간다
나를 버리고 가시는 님은
십 리도 못 가서 발병 난다

알쏭달쏭
바로알기

틀린 곳을 맞게 고쳐 쓰세요.

• 영화 《아리랑》은 ~~나석주~~가 감독과 주연을 맡은 영화입니다. (   )

• 영화 《아리랑》의 주인공은 ~~영식~~입니다. (   )

• 영화 《아리랑》의 주제가는 ~~진달래~~입니다. (   )

역사용어
정리하기

나운규가 시나리오를 쓰고 감독과 주연을 했던 영화는 《☐☐☐》입니다.

손기정

1936년 베를린 올림픽 마라톤 경기에서 우승한 육상 선수입니다

일제에 나라를 빼앗겼기 때문에 가슴에 일본 국기인
일장기를 달고 마라톤 경기에 참가했어요.
손기정은 2시간 29분 19초라는
세계 신기록으로 1위를 차지했어요.
함께 참가한 남승룡은 3위를 했지요.
이 대회의 기록 영화가 들어오자 동아일보와
조선중앙일보는 영화 소개란에 손기정 사진을
실으면서 가슴에 달린 일장기를 지웠어요.

東亞日報

월계관 쓴 손기정

두 단어 중에 맞는 것에 ○표 하세요.

• 손기정은 (베를린, 런던) 올림픽 마라톤 경기에 참가했습니다.

• 손기정은 베를린 올림픽에 (한국, 일본) 대표로 참가했습니다.

• 동아일보에 실린 손기정 사진에는 일장기가 (있습니다, 없습니다).

□□□은 1936년 베를린 올림픽 마라톤 경기에서 우승한 육상 선수입니다.

3

대한민국 정부 수립

건국 동맹

일제의 패망을 앞두고 건국을 준비한 단체입니다

여운형을 비롯한 지도자들은 일제가 결국 연합국에 항복하고
우리나라도 독립할 것이라고 판단했어요.
그래서 일제의 패망을 앞두고,
우리나라의 독립을 준비하려고 1944년에
건국 동맹을 비밀리에 만들었어요.
여운형이 위원장을 맡은 건국 동맹은
중앙과 지방에 소식을 두었어요.
'일본 제국주의를 몰아내고
조선의 자유와 독립을 회복한
다.'는 등의 원칙도 정했지요.
건국 동맹은 8·15 광복 이후에
조선 건국 준비 위원회로
발전했어요.

토론 주제
일본의 패망에
대비합시다!

건국 동맹

알쏭달쏭
바로알기

틀린 곳을 맞게 고쳐 쓰세요.

• 건국 동맹은 ~~미국~~이(가) 망할 것이라고 판단했어요. (   )

• 건국 동맹은 8·15 광복 ~~후~~에 만들어졌습니다. (   )

• ~~서재필~~은 건국 동맹을 만들어 위원장을 맡았습니다. (   )

역사 용어
정리하기

□□ □□ 은 일제의 패망을 앞두고 건국을 준비한 단체입니다.

8·15 광복

1945년 8월 15일에 우리나라가 일본에서 독립한 일입니다

'광복(光復)'은 '빛을 되찾다'라는 뜻으로,
우리나라가 주권을 다시 찾았다는 것을 말해요.
1945년 8월 15일 낮 12시, 라디오에서 일본 왕이
연합국에 항복한다는 방송이 나왔어요.
우리 민족은 기쁨에 겨워 거리로 몰려나왔고,
일본인들은 자기 나라로 돌아가야 했어요.
감옥에 갇혀 있던 독립운동가들은 풀려났고,
해외의 독립운동가들은 귀국길에 올랐지요.
정부는 8월 15일을 광복절로 정해
해마다 기념하고 있습니다.

알쏭달쏭
바로알기

틀린 곳을 맞게 고쳐 쓰세요.

• 1945년에 일본은 추축국에 항복했습니다. (   )

• 1945년 8월 15일에 우리나라는 중국의 지배에서 벗어났습니다. (   )

• 우리나라는 8월 15일을 제헌절로 정해 기념하고 있습니다. (   )

역사용어
정리하기

☐ · ☐ 광복은 1945년 8월 15일에 우리나라가 일본에서 독립한 일입니다.

38선

북위 38도선을 기준으로 한반도를 나누었던 선입니다

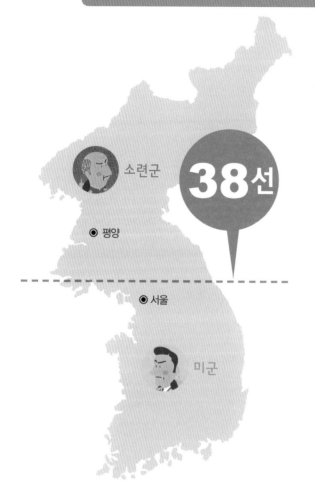

정확한 명칭은 북위 38도선인데
보통 38선이라고 해요.
연합국은 일본이 항복하기 전에 전쟁이
끝난 뒤를 논의했어요.
한반도에 있는 일본군을 해산하기 위해 미군과
소련군이 남과 북으로 각각 들어오기로 했지요.
그 기준은 북위 38도선으로 잡았어요.
이 결정에 따라 38선 남쪽에는 미군이,
북쪽에는 소련군이 들어왔어요.
38선은 일본의 항복을 처리하는 임시 군사
경계선이었지만 남과 북에 따로 정부가
들어서면서 민족 분단선이 되었어요.

두 단어 중 맞는 것에 ○표 하세요.

• 38선은 (남위, 북위) 38도선을 지납니다.

• 38선은 임시 (군사, 경제) 경계선이었습니다.

• 미군은 38선 (남쪽, 북쪽)에 들어왔습니다.

☐ 선은 북위 38도선을 기준으로 한반도를 나누었던 선입니다.

모스크바 3국 외상 회의

미국·영국·소련의 외무장관이 모스크바에서 가진 회의입니다

1945년 12월에 열렸으며, 모스크바 3상 회의라고도 해요.
제2차 세계 대전 후의 여러 문제를 논의했지요.
한반도에 대해선 '독립국으로 만들기
위해 임시로 정부를 세운다.'
'미·소 공동 위원회를 열어
임시 정부 수립을 돕는다.' '임시 정부와
협의해 5년 이내의 신탁 통치를 한다.'고
합의했어요.
즉, 임시 정부를 세우고 신탁 통치를
거친 뒤 독립국으로 만든다는 계획이었지요.
하지만 회의 내용 중 '신탁 통치'를 두고
우리 국민들은 큰 혼란에 빠졌답니다.

합의문
1. 임시 정부 수립
2. 미·소 공동 위원회 설치
3. 5년 이내의 신탁 통치

한국 임시 정부 ▶ 신탁 통치 ▶ 완전한 독립국

모스크바 3국 외상 회의가 결정한 한반도 문제 절차

알쏭달쏭
바로알기

틀린 곳을 맞게 고쳐 쓰세요.

• 모스크바 3국 외상 회의는 1950년에 열렸습니다. (   )

• 모스크바 3국 외상 회의는 미국·영국·일본 외상의 회의입니다. (   )

• 모스크바 3국 외상 회의에서 한국의 식민 통치를 결정했습니다. (   )

역사용어
정리하기

☐☐☐☐ 3국 외상 회의는 미국·영국·소련 외상이 가진 회의입니다.

신탁 통치

국제 연합이 지정한 나라가 한 지역을 대신 다스리는 것입니다

신탁(信託)은 '믿고 권리를 맡긴다'는 뜻이에요.

국제 연합에는 신탁을 받은 나라가 어떤 지역을 대신 통치하는

신탁 통치 제도가 있어요.

식민지였거나 다른 나라가 점령했던 지역이 완전한 독립국이 될 때까지 다스리지요.

모스크바 3국 외상 회의는 우리나라를 신탁 통치하기로 합의했어요.

우리 민족은 신탁 통치에 반대와 찬성으로 나뉘어 '반탁', '찬탁' 운동을 벌였어요.

바로 독립국이 되어야 한다는 쪽은 '반탁'이었고,

독립국이 되는 절차라고 생각한 쪽은 '찬탁'이었지요.

1. 모스크바 3상 회의 결과를 따라야 한다.
2. 독립국이 되기 위한 절차이다.

1. 모스크바 3상 회의 결과는 우리 민족의 입장이 아니다.
2. 하루 빨리 독립국이 되어야 한다.

알쏭달쏭 바로알기

틀린 곳을 맞게 고쳐 쓰세요.

• 국제 ~~연맹~~에는 신탁 통치 제도가 있습니다. (   )

• 미·소 ~~공동~~ 위원회에서 한국의 신탁 통치를 결정했습니다. (   )

• 신탁 통치에 반대하는 쪽은 ~~찬탁~~ 운동을 했습니다. (   )

역사 용어 정리하기

☐☐☐☐ 는 국제 연합이 지정한 나라가 한 지역을 대신 다스리는 것입니다.

미·소 공동 위원회

한국에 임시 정부를 세우려 미국과 소련이 한 회의입니다

모스크바 3국 외상 회의에서 결정해 열린 회의예요.
1946년과 1947년 합쳐 두 차례 열렸어요.
그때 우리 민족은 신탁 통치와 임시 정부 수립 문제로 편이 나뉘어
미·소 공동 위원회를 두고 서로 싸웠어요.
미국과 소련도 자신들의 입장만 내세워
회의는 깨졌어요.
결국 모스크바 3국 외상 회의가 결정한
사항들은 실행되지 못했어요.
미국은 한국에 정부를 세우는 문제를
국제 연합에 올렸습니다.

 내용이 맞으면 ○표, 틀리면 X표를 하세요.

• 모스크바 3국 외상 회의에서 미·소 공동 위원회를 열기로 했습니다.　(　　)

• 미·소 공동 위원회는 중국의 임시 정부 수립을 논의했습니다.　　　　(　　)

• 미·소 공동 위원회에서 미국과 소련은 의견이 서로 잘 맞았습니다.　　(　　)

 ☐·☐ 공동 위원회는 한국에 임시 정부를 세우려 미국과 소련이 한 회의입니다.

남북 협상

통일 정부 수립을 위해 남북 지도자들이 가진 회의입니다

국제 연합의 소총회는 남한만의 단독 선거로 정부를 세우기로 결정했어요.

김구와 김규식은 남한의 단독 선거가 민족 분단으로 이어진다며 강하게 반대했어요.

이들은 남북의 지도자들끼리 협상을 하여 통일 정부를 세워야 한다고 했지요.

김구 등은 통일 정부를 위해 38선을 넘어 평양으로 가서 1948년 4월에

북한 지도자들과 회의를 했어요.

회의에서 남한 단독 선거 반대, 미국과 소련 군대 철수를 결의했지요.

이런 노력에도 불구하고 결국 남과 북에 따로 정부가 들어서게 되어요.

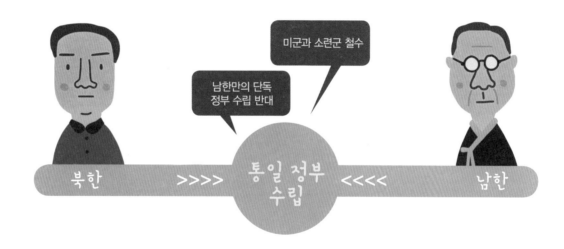

틀린 곳을 맞게 고쳐 쓰세요.

• 국제 ~~연맹~~은 남한만의 단독 선거를 치르기로 결정했습니다. (   )

• 김구와 김규식 등은 남한만의 단독 정부 수립에 ~~찬성~~했습니다. (   )

• 남북 협상에서 미국과 ~~일본~~ 군대 철수를 결의했습니다. (   )

☐☐☐☐은 통일 정부 수립을 위해 남북 지도자들이 가진 회의입니다.

제주 4·3 사건

제주도의 봉기와 진압 과정에서 민간인들이 희생된 사건입니다

1948년 4월 3일에 제주도에서 남한 단독 정부 수립을 반대하는 사람들이
무기를 들고 봉기를 일으켰어요.
그러자 군인은 물론 반공 청년들까지 합쳐 봉기를 거칠게 진압했지요.
그 과정에서 산 중턱의 마을이 거의 다 불탔고, 민간인 수만 명이 죽었어요.
억울하게 죽은 민간인들은 오랫동안 폭도라는 누명을 썼지요.
국회는 2000년에 사건을 재조사해서 이들의 억울한 누명을 벗겼어요.
정부는 4월 3일을 국가 기념일인 '4·3 희생자 추념일'로 정해 희생자를 기려요.

민간인 사망자
1만 5,000여 명

사건 기간
1948년~1954년

틀린 곳을 맞게 고쳐 쓰세요.

• 제주 4·3 사건은 통일 정부 수립에 반대하며 일어났어요. (   )

• 제주도 봉기와 진압 과정에서 억울하게 죽은 군인이 많습니다. (   )

• 4·3 부상자 추념일에는 4·3 사건 희생자를 기립니다. (   )

☐☐ 4·3 사건은 제주도의 봉기와 진압 과정에서 민간인들이 희생된 사건입니다.

5·10 총선거

우리 정부를 세우려고 제헌 국회 의원을 뽑은 선거입니다

국제 연합의 소총회는 남한에서만이라도
선거를 치러 정부를 세우기로 결정했어요.
이에 따라 국민을 대표하는 국회 의원을
뽑는 선거를 했지요.
선거는 1948년 5월 10일에 제주도를 뺀
남한 전 지역에서 치러졌어요.
우리 역사상 첫 보통 선거로 21세 이상의
모든 남녀에게 선거권을 주었어요.
25세 이상이면 국회 의원에 출마할 수
있었는데, 친일 세력은 출마할 수 없었어요.
남한만의 단독 정부를 반대한 세력은
5·10 총선거에 참여하지 않았지요.

5월 10일은
투표하는 날

우리 손으로 직접
국회 의원을 뽑자!

두 단어 중 맞는 것에 ○표 하세요.

• 5·10 총선거는 (1945년, 1948년)에 치러졌습니다.

• 5·10 총선거는 (국회 의원, 대통령)을 뽑는 선거입니다.

• 5·10 총선거는 역사상 첫 (보통, 제한) 선거입니다.

☐ · ☐ 총선거는 우리 정부를 세우려고 제헌 국회 의원을 뽑은 선거입니다.

제헌 국회

대한민국 헌법을 만든 제1대 국회입니다

5·10 총선거를 통해 뽑힌 국회 의원으로 구성되었으며 총 198명이었어요.
헌법을 만든 국회라서 제헌(制憲) 국회라고 하며 제헌 의회라고도 해요.
제헌 국회는 헌법을 만들고, 나라 이름을 정하고, 대통령과 부통령을 선출해
정부를 만들었지요. 나라 이름은 대한민국으로 정했어요.
제헌 국회가 만든 헌법은 대한민국이 3·1 정신을 계승하는
민주 국가라고 밝혔지요.
헌법을 만든 뒤 7월 17일에 온 국민에게 알렸는데, 이날을 제헌절로 기념해요.

만들 제   법 헌

틀린 곳을 맞게 고쳐 쓰세요.

• 제헌 국회는 대한민국 ~~명령~~을 만든 제1대 국회입니다. (   )

• 제헌 국회는 우리나라의 이름을 ~~대한제국~~이라고 정했습니다. (   )

• 대한민국 첫 헌법을 알린 7월 17일은 ~~개천절~~입니다. (   )

☐☐ 국회는 대한민국 헌법을 만든 제1대 국회입니다.

대한민국 정부 수립

1948년에 대한민국 정부가 수립된 것을 말합니다

제헌 국회는 대통령에 이승만, 부통령에 이시영을 뽑았어요.

이승만은 국무총리를 비롯한 여러 장관과 대법원장 등을 임명해

정부를 구성하였어요.

1948년 8월 15일, 중앙청에서 정부 수립 축하식을 열었어요.

이 자리에서 전 세계에 민주 공화국인 대한민국 정부가 수립되었음을 알렸지요.

이때 수많은 사람이 함께 모여 축하하며 퍼레이드 행사도 했어요.

축 대한민국 정부 수립

알쏭달쏭 바로알기

틀린 곳을 맞게 고쳐 쓰세요.

• 제헌 국회는 초대 대통령으로 김구를(을) 뽑았습니다. (   )

• 1950년에 대한민국 정부가 수립되었습니다. (   )

• 1948년에 경무청에서 정부 수립 축하식이 열렸습니다. (   )

역사 용어 정리하기

□□□□ 정부 수립은 1948년에 대한민국이 수립된 것을 말합니다.

농지 개혁

농민들이 자기 땅을 가질 수 있도록 법과 제도를 바꾼 일입니다

자기 땅을 갖는 것은 농민들의 오랜 바람이었어요.
농민들이 농토를 갖도록 1950년에 농지 개혁법을 시행하면서
농지 개혁이 실시되었어요.
정부가 농경지를 지주에게 사서(유상 매입) 다시 농민에게 파는(유상 분배)
방식이었지요. 정부는 농민들에게 땅값을 5년간 농산물로 내도록 했어요.
농민들은 자기 땅을 갖기도 했지만, 땅값을 내지 못해 다시 소작농이 되거나
도시로 일자리를 찾아 떠나기도 했어요.

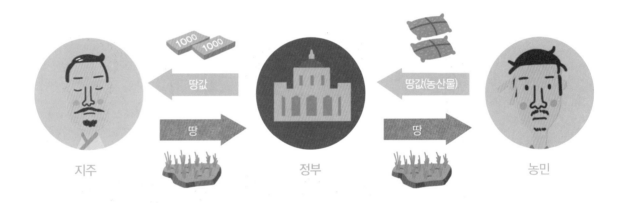

지주   정부   농민

알쏭달쏭
바로알기

내용이 맞으면 ○표, 틀리면 X표를 하세요.

• 농지 개혁법을 시행하면서 농지 개혁이 시작되었습니다.   (　　)

• 농지 개혁은 농경지를 농민에게 무료로 나눠주는 방식이었습니다.   (　　)

• 농지 개혁 때 농민들은 땅값을 정부에 한꺼번에 내야 했습니다.   (　　)

역사 용어
정리하기

☐☐ ☐☐ 은 농민들이 땅을 가질 수 있도록 법과 제도를 바꾼 일입니다.

76

북한

한반도 북쪽에 세워진 정부입니다

공식 이름은 조선 민주주의 인민 공화국입니다.
대한민국 정부가 수립되자 38선 이북에는
1948년 9월 9일, 김일성을 수상으로 하는
조선 민주주의 인민 공화국이 들어섰어요.
북한은 남한과 사회 제도가 많이 다르고,
김일성, 김정일, 김정은으로 이어지는
직계 가족이 계속 다스리고 있어요.
1991년에 남한과 북한은 동시에
유엔 회원국으로 가입했어요.
국제법상 북한도 국가로 인정받아
우리는 1민족 2국가가 되었지요.
대한민국 헌법은 북한을 인정하지 않는 한편
통일을 위해 협력해야 할 상대로 보고 있어요.

● 평양

북한

- **수립** : 1948년
- **공식 이름** :
  조선 민주주의 인민 공화국
- **수도** : 평양
- **초대 수상** : 김일성

1948년~

알쏭달쏭
바로 알기

틀린 곳을 맞게 고쳐 쓰세요.

• 북한은 1948년 한반도 ~~남~~쪽에 수립된 정부를 말합니다. (   )

• 북한 정부의 공식 이름은 ~~고려~~ 민주주의 인민 공화국입니다. (   )

• 1991년 남한과 북한은 ~~유럽~~ 회원국으로 가입했습니다. (   )

역사 용어
정리하기

☐☐ 은 한반도 북쪽에 세워진 정부입니다.

6 · 25 전쟁

1950년 6월 25일에 북한의 남침으로 시작된 한반도 전쟁입니다

북한은 38선 전역에서 갑자기 밀고 내려와 3일 만에 서울을 함락했어요.
그러자 미군이 지휘하는 국제 연합군이 전쟁에 참가했어요.
국제 연합군은 인천 상륙 작전에 성공한 뒤 압록강까지 밀고 올라갔어요.
하지만 중국군이 북한을 도와 내려오면서 국제 전쟁이 되었어요.
제2차 세계 대전 이후 최대의 전쟁인데, 외국에서는 한국 전쟁이라고 해요.
1950년부터 1953년까지 3년 동안 남쪽과 북쪽은 치열하게 싸웠어요.
사상자와 피란민이 각각 수백만 명이나 생겼지요.

전쟁 참가국

총 **19**개국

북 : 북한 + 1
남 : 남한 + 16

총 사망 · 부상자

약 **500**만 명
(남북 군인 + 민간인)

전쟁 기간

1950년~**1953**년

알쏭달쏭
바로알기

틀린 곳을 맞게 고쳐 쓰세요.

• 6 · 25 전쟁은 남한의 침공으로 시작되었습니다. (   )

• 국군은 6 · 25 전쟁에 참전한 국제 연합군을 지휘했습니다. (   )

• 6 · 25 전쟁 때 일본군은 북한을 도왔습니다. (   )

역사 용어
정리하기

☐ · ☐ ☐ ☐ 은 1950년 6월 25일에 북한의 남침으로 시작된 한반도 전쟁입니다.

국제 연합군

국제 연합의 규정에 따라 만들어지는 임시 군대입니다

국제 연합군은 유엔군(UN군)이라고도 하며, 6·25 전쟁 때 처음 만들어졌어요.

6·25 전쟁이 일어나자 미국은 국제 연합 안전 보장 이사회를 소집해

국제 연합군을 만들어 남한을 돕기로 했어요.

16개국이 국제 연합군을 구성했으며,

미국의 맥아더 장군이 국제 연합군 총사령관을 맡았어요.

국군에 대한 작전 지휘권도 연합군 총사령관이 갖게 되었어요.

국제 연합군은 국군과 함께 북한군·중국군에 맞서 치열하게 싸웠어요.

두 단어 중 맞는 것에 ○표 하세요.

• 국제 연합군은 (국제 연합, 소련)이 조직한 군대입니다.

• 국제 연합군은 (16개국, 20개국)으로 구성되었습니다.

• 미국의 맥아더 장군은 (국제 연합군, 북한군)의 총사령관이었습니다.

국제 연합의 규정에 따라 만들어지는 임시 군대는 ☐☐ ☐☐☐입니다.

인천 상륙 작전

6·25 전쟁 때 국제 연합군이 인천에 상륙한 작전입니다

북한은 전쟁 초기에 경상도 지역까지 밀고 내려와
임시 수도인 부산도 노렸어요.
맥아더 장군이 이끄는 국제 연합군은
전쟁 흐름을 뒤바꿀 작전을 짰어요.
서해안에 있는 인천에 국제 연합군을
대대적으로 상륙시키기로 한 거죠.
어려움을 무릅쓰고 국제 연합군과
국군은 인천 상륙에 성공했고,
곧이어 서울을 되찾았지요.
국제 연합군은 북한군의 허를 찌르고
계속 북으로 올라갔어요.

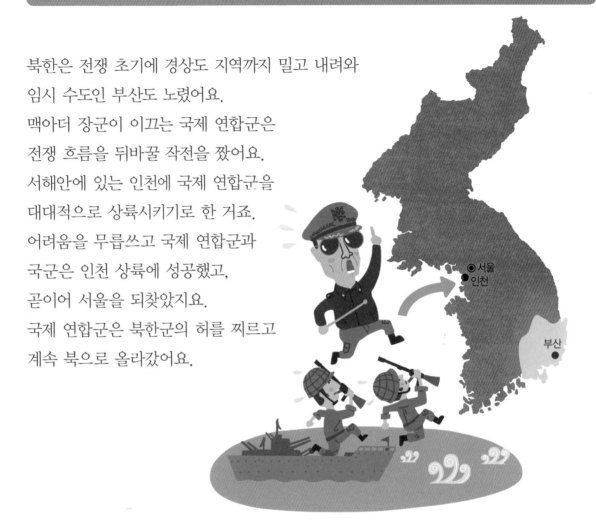

틀린 곳을 맞게 고쳐 쓰세요.

• 아이젠하워 장군이 인천 상륙 작전을 지휘했습니다. (   )

• 연합군은 서산 앞바다에 상륙해 서울을 되찾았습니다. (   )

• 국제 연합군은 서울을 되찾고 계속 남으로 내려갔습니다. (   )

⬜⬜ ⬜⬜ 작전은 국제 연합군이 인천에 상륙한 작전입니다.

80

학도 의용군

6·25 전쟁 때 학생 신분으로 전쟁에 참가한 병사입니다

전쟁이 치열해지자 전쟁터로 가 총을 들고 싸우는 학생들이 있었어요.
학도병이라고도 하는데, 중학생부터 대학생까지 수만 명이었다고 해요.
전쟁터에서 직접 싸우지 않는 학생들도 국군을 도와 피란민을 돕거나
전쟁 상황을 알리는 등의 일을 했지요.
전쟁이 길어지고 남쪽과 북쪽이 밀고 당기기를 계속하자 정부는
학생들에게 국가의 앞날을 위해 학교로 돌아가라는 발표도 했어요.

우리도 싸우자!
공부만 할 수 없다.

알쏭달쏭 바로알기

틀린 곳을 맞게 고쳐 쓰세요.

• 학도 의용군은 전쟁에 지원한 ~~교사~~를(을) 말합니다. (　　　　　)

• 학도 의용군은 ~~일제 강점기~~ 때 전쟁에 지원한 병사입니다. (　　　　　)

• ~~학사~~ 의용군은 전쟁터에서 총을 들고 싸웠습니다. (　　　　　)

역사 용어 정리하기

☐☐☐☐☐ 은 6·25 전쟁 때 학생 신분으로 전쟁에 참가한 병사입니다.

피란민

전쟁 등을 피해 고향 집을 두고 떠나 생활하는 사람을 말합니다

6·25 전쟁 때 많은 피란민이 있었어요.
피란민이 가장 많이 생겼을 때는
중국군이 밀고 내려올 때였어요.
이때 북한의 흥남 부두에서는 배로
피란민 수만 명이 탈출했지요.
우리가 다시 서울을 빼앗겼을 때에도
수많은 시민이 피란길에 올랐어요.
임시 수도인 부산에는 전국 각지에서 온
피란민들이 넘쳤지요.
피란민들은 비바람만 겨우 피할 수 있는
판잣집과 토굴 등에서 살며,
배급받은 쌀이나 구호품으로 이어갔어요.

이별의 부산 정거장

한 많은
피란살이
설움도 많아!

알쏭달쏭
바로알기

내용이 맞으면 ○표, 틀리면 X표를 하세요.

• 임시 수도인 부산에는 피란민들이 많았습니다. ( )

• 피란민들은 배급받은 쌀이나 구호품으로 겨우 생활했습니다. ( )

• 피란민들은 나라에서 준 집에서 피란살이를 했습니다. ( )

역사용어
정리하기

□□□은 전쟁 등을 피해 고향 집을 두고 떠나 생활하는 사람을 말합니다.

휴전 협정

1953년에 6·25 전쟁을 멈추기로 한 협정입니다

휴전은 전쟁(戰)을 쉰다(休)는 뜻으로, 휴전 협정은 정전 협정이라고도 해요.
전쟁을 멈추는 협정이지 완전한 평화 협정이 아니에요.
휴전 협상은 1951년부터 시작되었어요.
양쪽은 휴전선 문제, 포로 교환 방식 등에서 의견이 많이 달랐지요.
오랜 실랑이 끝에 1953년 7월 27일에 국제 연합군과 북한군·중국군 대표가
협정을 체결했어요. 이승만 정부는 휴전에 반대했지요. 휴전 협정에는
휴전선을 정하고, 군사 정전 위원회를 설치하는 등의 내용이 들어 있지요.

남한   국제 연합군   북한군·중국군

알쏭달쏭
바로알기

틀린 곳을 맞게 고쳐 쓰세요.

• 국제 연합군과 북한군·소련군이 휴전 협정을 맺었습니다. (   )

• 6·25 전쟁의 휴전 협정은 1950년에 체결되었습니다. (   )

• 휴전 협정에는 38선을 정하는 내용이 들어 있습니다. (   )

역사 용어
정리하기

□□□□은 1953년에 6·25 전쟁을 멈추기로 한 협정입니다.

휴전선

지뢰

● 평양

비무장 지대(DMZ)

휴전선

------ 38선

● 서울

전쟁을 하다가 멈출 경우 군사 행동이
금지되는 경계선으로,
군사 분계선이라고도 해요.
동해안 간성에서 서해안 강화까지 이어져요.
휴전 협정에서 국제 연합군과 북한군 측은
이전의 38선 대신 점령한 땅을
기준으로 휴전선을 긋기로 했지요.
또, 휴전선 남북으로 2km씩, 총 4km에
이르는 지역을 비무장 지대(DMZ)로 만들어
군대나 군사 시설을 두지 못하게 했어요.
비무장 지대는 50년 넘게 출입이 제한되어서
자연 생태계가 잘 보존되어 있어요.

틀린 곳을 맞게 고쳐 쓰세요.

• 휴전선은 ~~경제~~ 행동이 금지되는 경계선입니다. (   )

• 휴전 협정에서 ~~38선~~을 긋기로 했습니다. (   )

• 휴전선 남북으로 군사 시설이 없는 ~~무장~~ 지대가 있습니다. (   )

□□□은 6·25 전쟁을 멈추면서 그은 남북한의 분단선입니다.

이산가족

전쟁이나 자연재해 등으로 흩어지게 된 가족을 말합니다

우리나라는 남북 분단과 6·25 전쟁 때문에 이산가족이 많아요.
남쪽이나 북쪽에 가족을 두고 떠난 뒤 휴전선에 막혀 못 만나는 가족,
피란길에서 헤어진 가족, 전쟁 중 강제로 끌려간 가족 등
약 1,000만 이산가족이 생겼다고 해요.
1983년에 한 방송국에서 이산가족을 찾아주는 프로그램을 방송하기도 했어요.
남북 정부는 1983년부터 인도적 차원에서 이산가족 만남을
때때로 추진하고 있지요.

동생아, 아들아! 보고 싶다.

두 단어 중 맞는 것에 ○표 하세요.

• 전쟁으로 헤어진 가족을 (이산가족, 엽기가족)이라고 합니다.

• 이산가족은 (6·25 전쟁, 8·15 광복) 때 가장 많이 생겼습니다.

• 남북 정부는 (인도적, 군사적) 차원에서 이산가족 만남을 때때로 추진합니다.

☐☐☐☐은 전쟁이나 자연재해 등으로 흩어지게 된 가족을 말합니다.

4

대한민국 발전

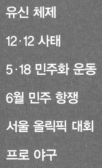

3·15 부정 선거

1960년 3월에 이승만과 자유당이 저지른 부정 선거입니다

첫 대통령 이승만은 헌법을 억지로 고쳐 계속 대통령을 하고 있었어요.

이승만의 뒤를 이을 2인자는 이기붕이었어요.

1960년 4대 대통령과 부통령 선거에서 자유당은 이승만과 이기붕을 후보로 냈어요.

이승만과 자유당은 선거에서 이기려 온갖 불법을 저질렀어요.

공개 투표하기, 협박하기, 투표함에 미리 표 넣어 두기 등이었어요.

이 결과 이승만과 이기붕이 당선되었지만, 전 국민의 저항에 부딪혀요.

공개 투표하기   협박하기   자유당 표를 미리 넣기

틀린 곳을 맞게 고쳐 쓰세요.

• 우리나라 첫 대통령은 ~~이승기~~입니다. (   )

• 1960년에 자유당의 부통령 후보는 ~~장면~~이었습니다. (   )

• 3·15 부정 선거는 ~~민주당~~이 저지른 부정 선거입니다. (   )

3·15 ☐☐☐☐는 1960년에 이승만과 자유당이 저지른 부정 선거입니다.

4·19 혁명

혁명(革命)은 낡은 것을 뒤집고 새롭게 하는 것을 말해요.

4·19 혁명은 낡은 정부를 뒤엎고 민주주의를 다시 세우려 했지요.

이승만과 자유당의 독재와 부패에 염증을 느끼던 국민들은

3·15 부정 선거 소식을 듣고 분노해 시위를 하기 시작했어요.

4월 19일에는 대학생과 고등학생 수만 명이 일제히 거리로 뛰쳐나왔어요.

전국에서 시민들도 함께 들고일어났어요.

결국 이승만은 대통령에서 물러나고 새 정부가 들어섰지요.

독재 정부
물러가라!!

틀린 곳을 맞게 고쳐 쓰세요.

• 4·19 혁명은 ~~사회~~주의를 다시 세우려 했습니다. (   )

• ~~6/10~~ 부정 선거에 분노한 국민들이 시위를 했습니다. (   )

• 4·19 혁명으로 ~~이기붕~~은 대통령 자리에서 물러났습니다. (   )

☐·☐ 혁명은 1960년 4월에 국민들이 일으킨 민주주의 혁명입니다.

88

5·16 군사 정변

1961년에 박정희가 군대를 동원해 정권을 잡은 일입니다

군사 정변은 총칼로 정권을 잡는 것을 말하며, 쿠데타라고도 해요.
이승만이 대통령에서 물러난 뒤 장면은 국무총리, 윤보선은 대통령이 되었어요.
장면 정부는 국민의 개혁 요구를 만족시키지 못해 나라가 어수선했어요.
1961년 5월 16일, 육군 소장인 박정희와 군인들은 탱크를 앞세우고 정부 기관들을
점령했어요. 그리고 박정희를 최고 책임자로 하는 군사 정부를 세웠어요.
박정희는 뒤에 헌법을 고치고 대통령이 됩니다.

정권을 내줄 수밖에!

윤보선   장면

두 단어 중 맞는 것에 ○표 하세요.

• 총칼로 정권을 잡는 것을 (정변, 혁명)이라고 합니다.

• (박정희, 윤보선)는(은) 군대를 동원해 정권을 잡았습니다.

• 5·16 군사 정변이 일어날 때 국무총리는 (장면, 이기붕)이었습니다.

5·16 □□ □□ 은 박정희가 군대를 동원해 정권을 잡은 일입니다.

경제 개발 5개년 계획

정부가 경제를 발전시키려 5년마다 세운 계획입니다

일제 강점기와 6·25 전쟁으로 우리나라 경제는 아주 뒤처져 있었어요.
박정희 정부는 경제를 발전시키려 1962년부터 1981년까지 4차에 걸쳐
5년마다 경제 방향을 정해 힘을 모았어요.
1, 2차 계획 때는 인건비가 싸서 수출에 유리한 신발, 섬유 같은 경공업을 키웠어요.
3, 4차 계획 때는 철강, 조선, 기계, 화학 등의 중화학 공업을 키웠어요.
그 결과 우리나라는 수출이 크게 늘어났고 해마다 약 10%씩 경제가 성장해
'한강의 기적'을 이루었습니다.

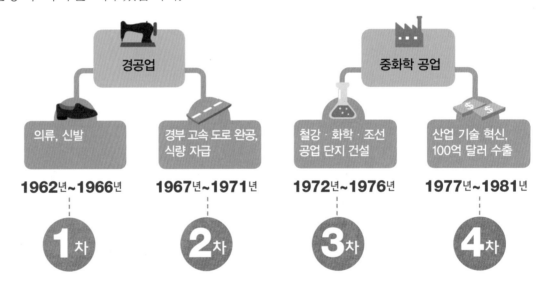

경공업		중화학 공업	
의류, 신발	경부 고속 도로 완공, 식량 자급	철강·화학·조선 공업 단지 건설	산업 기술 혁신, 100억 달러 수출
1962년~1966년	1967년~1971년	1972년~1976년	1977년~1981년
1차	2차	3차	4차

알쏭달쏭 바로알기

틀린 곳을 맞게 고쳐 쓰세요.

• 경제 개발 계획은 4년마다 나라 경제의 방향을 정했습니다. (   )

• 1, 2차 경제 개발 계획 때는 중화학 공업을 키웠습니다. (   )

• 경제 개발 계획으로 성장한 한국 경제를 낙동강의 기적이라 합니다. (   )

역사 용어 정리하기

☐☐☐☐ 5개년 계획은 정부가 경제를 발전시키려 5년마다 세운 계획입니다.

새마을 운동

지역 주민들에게 근면·자조·협동의 정신을 불러일으켜
마을과 직장 나아가 사회를 잘사는 곳으로 만들자는 운동이에요.
1970년에 박정희 대통령이 주도하여 농촌부터 시작했어요.
초가지붕을 없애고, 마을 길을 넓히는 등 환경을 바꾸고,
새로운 작물을 심어 소득도 올리도록 했지요.
농촌에서 성공한 새마을 운동은 학교, 직장, 도시로 확대되었어요.
새마을 운동 기록물은 유네스코 세계 기록 유산이에요.

**알쏭달쏭
바로알기**

틀린 곳을 맞게 고쳐 쓰세요.

• 1990년대에 새마을 운동이 시작되었습니다. (　　　　)

• 새마을 운동은 도시에서부터 시작되었습니다. (　　　　)

• 새마을 운동은 근면·자주·협동 정신이 바탕입니다. (　　　　)

**역사용어
정리하기**

□□□　□□은 1970년대에 농촌에서부터 벌여 나간 잘살기 운동입니다.

독일 파견 간호사

정부가 독일로 일하러 보낸 간호사입니다

1960년대에 우리나라는 외화가 필요했고, 독일은 일할 사람이 부족했어요.
우리 정부는 독일과 협정을 맺어 독일에 간호사와 광부를 보내기로 했어요.
광부가 먼저 독일로 갔고, 간호사들이 뒤따랐어요.
1966년부터 1977년까지 약 1만 명 이상이 독일로 파견되었어요.
이들은 말도 통하지 않는 외국에서 외로움과 힘든 노동을 이겨 냈지요.
한 푼의 외화도 아쉽던 1960~1970년대에 간호사와 광부들이 보낸 돈은
우리 경제에 큰 도움이 되었습니다.

독일

알쏭달쏭
바로알기

내용이 맞으면 ○표, 틀리면 X표를 하세요.

• 1960년대에 우리 간호사들은 독일에서 일하기 시작했습니다.　　　　（　　）

• 간호사들이 우리나라로 송금한 돈은 우리 경제에 큰 도움이 되었습니다.（　　）

• 1960~1970년대에 정부는 어부들을 독일에 파견했습니다.　　　　　（　　）

역사 용어
정리하기

정부가 독일로 일하러 보낸 간호사는 □□ 파견 간호사입니다.

중동 파견 노동자

중동 지역으로 일하러 간 노동자입니다

중동 지역은 이라크, 사우디아라비아, 쿠웨이트 등이 있는 서남아시아를 말해요.

이곳에는 석유가 많이 묻혀 있지요.

1970년대에 전 세계는 치솟는 석유 값으로 어려움을 겪었어요.

하지만 중동 지역은 석유를 팔아 큰돈을 벌었지요.

정부는 중동 지역에 민간 기업들이 노동자들을 보내도록 지원했어요.

중동 파견 노동자들은 뜨거운 모래바람을 맞으며

사막 한가운데에 건물을 짓고 물길을 놓아 외화를 벌어들였어요.

틀린 곳을 맞게 고쳐 쓰세요.

• 중동 지역은 ~~중앙~~아시아를 말합니다. (   )

• ~~1950~~년대에 전 세계는 치솟는 석유 값으로 어려움을 겪었어요. (   )

• 중동 지역 나라들은 ~~석탄~~(으)로 큰돈을 벌었습니다. (   )

☐☐ 파견 노동자는 중동 지역으로 일하러 간 노동자입니다.

아파트

사람들이 도시로 몰리자 집 지을 땅이
부족했어요. 그래서 아파트를 짓기 시작했지요.
아파트는 편리하고 고급스러운 삶의 상징이
되면서 인기가 높아졌어요.
1980년대에는 아파트 분양에 당첨되면
웃돈을 많이 붙여 되팔 수 있어서
아파트 투기가 벌어지기도 했어요.
이때 정부가 주도해 서울 주변에 큰 신도시들을
만들고 고층 아파트를 많이 지었어요. 아파트는
수십 년 만에 우리의 주거 문화를 바꾸었어요.

좋은 땅에 많이 사네!

틀린 곳을 맞게 고쳐 쓰세요.

• 5층 이상의 공동 주택을 연립 ~~주택~~(이)라 합니다. (   )

• 단독 ~~주택~~은(는) 집 지을 땅이 부족해 생긴 주택입니다. (   )

• 1980년대 정부는 서울 주변에 ~~구~~도시를 세웠습니다. (   )

　□□□　는 한 건물에 여러 가구가 사는 5층 이상의 공동 주택입니다.

94

텔레비전

방송국이 보낸 영상과 음성을 보고 들을 수 있는 전자 제품입니다

우리나라는 1956년에 첫 텔레비전 방송을 시작했고,
컬러 방송은 1980년 12월 1일 시작했어요.
1966년에 국산 흑백텔레비전이 처음 나왔어요.
처음에는 텔레비전을 가진 집이 드물어 사람들이 텔레비전이 있는 집을
찾아가서 봤어요. 전국에 전기가 들어가고 국민들의 소득이 늘면서
텔레비전도 널리 보급되었지요.
텔레비전은 사람들의 문화와 여가 생활을 바꾸었어요. 텔레비전 앞에서 보내는
시간이 많아졌고, 방송 내용을 그대로 따르는 일도 많아요.

두 단어 중 맞는 것에 ○표 하세요.

• 텔레비전으로 (신문사, 방송국)이(가) 보낸 영상과 음성을 볼 수 있습니다.

• 1966년에 (흑백텔레비전, 라디오)이(가) 처음으로 국내 생산되었습니다.

• 1980년 말에 (흑백, 컬러)텔레비전 방송을 시작했습니다.

☐☐☐☐은 방송국이 보낸 영상과 음성을 보고 들을 수 있는 전자 제품입니다.

도시화

도시가 늘어나고 사람들이 도시에 많이 사는 것을 말합니다

도시는 사람들이 많이 모여 살면서 주변 지역의 중심이 되는 곳입니다.

관청이 많은 행정 도시, 학교가 많은 교육 도시, 공장이 많은

산업 도시 들이 있지요.

우리나라는 경제 개발 5개년 계획이 추진되던 1960년대부터

크고 작은 공장을 낀 산업 도시를 많이 만들었어요.

농촌의 젊은이들이 일자리를 얻으려 이곳으로 모이면서 도시 인구가 늘어났어요.

또 농촌과 어촌이 공업·상업이 발달하면서 도시가 되기도 했어요.

현재 우리나라 사람들은 대부분 도시에 살고 있지요.

도시에 가서 살아야지!

알쏭달쏭 바로알기

틀린 곳을 맞게 고쳐 쓰세요.

• 1960년대부터 공장을 낀 문화 도시가 많아졌습니다. (   )

• 학교가 많은 도시를 산업 도시라고 합니다. (   )

• 우리나라 사람들은 대부분 농촌에 삽니다. (   )

역사 용어 정리하기

☐☐☐는 도시가 늘어나고 사람들이 도시에 많이 사는 것입니다.

판자촌

판자 등으로 만든 무허가 날림 집들이 모여 있는 마을입니다

6·25 전쟁 뒤의 피란민과 농촌을 떠난 사람들이 일자리를 찾아
서울로 몰려들었어요.
서울에는 집이 턱없이 부족했고, 이들은 대부분 집 얻을 형편도 안 되었어요.
그래서 빈 땅에 허가도 받지 않고 허름한 판잣집을 짓고 살았어요.
벽과 지붕을 판자로 이어서 만든 판잣집은 서로 다닥다닥 붙어 있었어요.
판자촌 사람들은 수도와 화장실을 공동으로 이용했지요.
한편, 도시의 높은 언덕에 생긴 마을은 집세가 싸 가난한 사람들이 많이
살았어요. 이곳은 달과 가까울 정도로 높다고 하여 '달동네'라고 불렸어요.

틀린 곳을 맞게 고쳐 쓰세요.

• 농촌을 떠난 사람들은 ~~어촌~~(으)로 몰려들었습니다. (   )

• 판잣집은 벽과 지붕을 ~~벽돌~~로 이었습니다. (   )

• 도시의 높은 곳에 있는 동네를 ~~해동~~네라고도 합니다. (   )

판자 등으로 만든 무허가 날림 집들이 모여 있는 마을을 □□□이라 합니다.

유신 체제

박정희 대통령이 유신 헌법으로 다스린 정치를 말합니다

1972년 10월에 박정희 대통령은
비상계엄을 내리고 국회를 해산했어요.
새로 '유신 헌법'을 만들어 다시 대통령이
되었는데, 이때부터 '유신 체제'라고 해요.
유신 헌법은 대통령이 나라를 거의
마음대로 할 수 있도록 해
민주주의와는 거리가 멀었어요.
유신 체제는 1979년 10월에
박정희 대통령이 암살당하면서 끝났어요.
유신(維新)은 박정희 정부가 일본의
메이지 유신에서 따와 붙인 이름으로,
새롭게 한다는 뜻이에요.

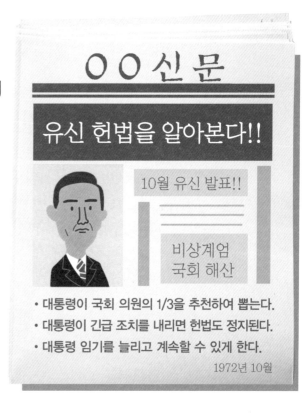

○○신문

유신 헌법을 알아본다!!

10월 유신 발표!!

비상계엄
국회 해산

• 대통령이 국회 의원의 1/3을 추천하여 뽑는다.
• 대통령이 긴급 조치를 내리면 헌법도 정지된다.
• 대통령 임기를 늘리고 계속할 수 있게 한다.

1972년 10월

알쏭달쏭
바로알기

내용이 맞으면 ○표, 틀리면 X표를 하세요.

• 1972년에 박정희는 비상계엄을 내리고 국회를 해산했습니다. (   )

• 박정희는 기존의 헌법 대신 '유신 헌법'을 만들었습니다. (   )

• 유신 체제는 민주주의를 잘 실현했습니다. (   )

역사 용어
정리하기

□□□□는 박정희 대통령이 유신 헌법으로 다스린 정치를 말합니다.

12·12 사태

1979년 12월 12일에 일어난 일이라서 12·12 사태라고 해요.
박정희 대통령이 사망하자 최규하 대통령 권한 대행은
비상계엄을 내리고 육군 참모총장 정승화를 계엄사령관에 임명했어요.
그런데 소장 전두환과 노태우가 부대를 이끌고
상관인 정승화를 체포하고 군대의 권력을 잡았지요.
전두환 등을 다시 등장한 정치군인이라는 의미로 신군부라 합니다.
전두환, 노태우 세력은 반대하는 장군들을 체포하고 최규하 대통령도
협박하여 실질적으로 권력을 잡았어요.

나, 별 2개지만……

나, 별 4개야!

노태우   전두환   정승화   최규하

알쏭달쏭
바로알기

틀린 곳을 맞게 고쳐 쓰세요.

• 12·12 사태 때 대통령 권한 대행은 ~~노태우~~였습니다. (   )

• ~~정승화~~와(과) 노태우는 1979년 12월에 군대의 권력을 잡았습니다. (   )

• 전두환 등을 다시 등장한 정치군인이라는 의미로 ~~신세대~~라 합니다. (   )

역사용어
정리하기

☐·☐ ☐☐는 1979년에 신군부가 군대의 권력을 잡은 것입니다.

5·18 민주화 운동

1980년 5월에 광주와 전라남도 시민들이 벌인 민주화 운동입니다

1980년 5월 17일에 전두환이 이끄는 신군부는 계엄령을 넓히고
여러 정치인들을 체포했어요.
다음 날인 5월 18일에 광주 학생들이 시위를 벌이자 군인들이 무자비하게 진압했지요.
계엄군이 총까지 쏘는 데 분노한 시민들은 시민군을 만들어 저항했어요.
계엄군은 탱크와 헬기까지 동원해 수많은 시민을 죽이거나 다치게 했어요.
1988년에 국회가 신군부에 대항한 시민들의 시위를 '5·18 민주화 운동'으로
인정했고, 희생된 시민들의 명예도 회복되었어요.
5·18 민주화 운동 기록물은 유네스코 세계 기록 유산이에요.

광주

알쏭달쏭
바로알기

틀린 곳을 맞게 고쳐 쓰세요.

• 5·18 민주화 운동은 ~~충주~~와 전라남도에서 일어났습니다. (   )

• 1950년 5월에 ~~평화~~군은 광주의 시위를 진압했습니다. (   )

• 5·18 민주화 운동 기록물은 유네스코 세계 ~~자연~~유산입니다. (   )

역사 용어
정리하기

5·18 ☐☐☐ ☐☐은 1980년 5월에 광주에서 일어난 민주화 운동입니다.

6월 민주 항쟁

6·29 선언

1987년 6월에 전국에서 벌어진 민주화 시위입니다

전두환은 1980년의 5·18 민주화 운동을 총으로 누르고 대통령이 되었어요.

전두환 정부는 언론을 막고 경찰을 동원해 강압 정치를 계속했지요.

대학생들이 경찰 고문으로 죽거나 다치는 일도 일어났어요.

1987년 6월 10일, 시민들이 거리로 나와 독재 타도와 대통령 직선제를 요구했어요.

평화 시위는 전국에서 계속되었지요.

결국 6월 29일에 다음 대통령 후보인 노태우가 대통령 직선제를 포함한

민주화 선언을 발표했어요.

대통령 직선제 실시하라!!
독재 타도!
호헌 철폐!

6·29 선언

알쏭달쏭 바로알기

두 단어 중 맞는 것에 ○표 하세요.

• 1987년 6월에 전국에서 (6월 민주 항쟁, 4·19 혁명)이 일어났습니다.

• 6월 민주 항쟁 때 시민들은 대통령 (직선제, 간선제)를 요구했습니다.

• 1987년 6월 29일 (전두환, 노태우)이(가) 민주화 선언을 발표했습니다.

역사 용어 정리하기

☐☐ ☐☐ 항쟁은 1987년 6월에 전국에서 벌어진 민주화 시위입니다.

⦿⦿ 서울 올림픽 대회

1988년 우리나라에서 열린 하계 올림픽 경기 대회입니다

제24회 하계 올림픽 경기 대회이며 88 올림픽이라고도 해요.

서울을 비롯한 우리나라의 주요 도시에서 올림픽 경기 대회가 열렸지요.

소련을 비롯해 159개국이 참가했고, 우리나라는 금메달 12개를 땄어요.

서울 올림픽 대회는 대한민국이 개발 도상국에서 선진국으로

가는 발판이 되었어요.

우리나라는 서울 올림픽 대회를 통해 대한민국을 전 세계에 알렸답니다.

1988년 개최

서울 올림픽 대회

159개국 참가

우리나라 **12**개 금메달 획득

마스코트 호돌이

알쏭달쏭 바로알기

틀린 곳을 맞게 고쳐 쓰세요.

• 서울 올림픽 대회는 제24회 ~~동계~~ 올림픽 경기 대회입니다. (   )

• 서울 올림픽 대회는 ~~1999년~~에 열렸습니다. (   )

• 88 올림픽의 마스코트는 ~~곰돌~~이입니다. (   )

역사용어 정리하기

서울 ☐☐☐ 대회는 1988년 우리나라에서 열린 하계 올림픽 경기입니다.

프로 야구

직업 선수로 구성된 팀들이 벌이는 야구 경기입니다

전두환 정부는 민주화 운동을 탄압하면서
한편으로는 국민들을 달래는 정책을 폈어요.
그중의 하나가 우리나라에
프로 야구단을 만든 것이에요.
지역마다 연고를 두고 팀을 만들어
1982년 시즌부터 경기를 벌였어요.
이때는 모두 6개 팀이었어요.
프로 야구는 지금도 많은 시민에게
사랑받고 있어요.

1982년 6개 팀	MBC 청룡	삼미 슈퍼스타즈	OB 베어스	삼성 라이온즈	해태 타이거즈	롯데 자이언츠
	서울	인천, 경기·강원	대전, 충남·충북	대구, 경북	광주, 전남·전북	부산, 경남

틀린 곳을 맞게 고쳐 쓰세요.

• ~~아마추어~~ 야구는 직업 선수들이 경기를 합니다. (   )

• 프로 야구는 ~~노태우~~ 정부 때 만들어졌습니다. (   )

• 우리나라 프로 야구는 ~~1960~~년 시즌부터 시합을 했습니다. (   )

□□□□는 직업 선수로 구성된 팀들이 벌이는 야구 경기입니다.

자가용 시대

개인 자동차를 주요 이동 수단으로 이용하는 시대를 말합니다

자동차는 1900년대 초에 우리나라에 들어왔어요.
처음엔 황실을 비롯한 소수 상류층만 이용했어요.
이때는 자동차가 달릴 도로도 거의 없었지요.
1970년에 서울과 부산을 잇는
경부 고속 도로가 완공되었어요.
1975년에는 우리나라에서 처음으로
자동차 포니를 만들어 냈어요.
우리 경제가 발전하면서 전 국토는 고속 도로로
거미줄처럼 연결되었고, 거의 모든 집이
자가용을 갖게 되었어요.
지금은 이동할 때 대부분 자가용을 이용하지요.

1970
경부 고속 도로 완공

1975
최초 국산 자동차 포니 생산
자동차 약 19만 대 보급

2010
자동차 약 1,800만 대 보급

내용이 맞으면 ○표, 틀리면 X표를 하세요.

• 경부 고속 도로는 1970년에 완공되었습니다.   (   )

• 우리나라에서 최초로 생산된 자동차는 아우디입니다.   (   )

• 2010년 우리나라 자동차 보급 대수는 약 100만 대입니다.   (   )

☐☐☐ 시대는 개인 자동차를 주요 이동 수단으로 이용하는 시대입니다.

인터넷

전 세계를 연결해 정보를 주고받는 통신망입니다

인터넷은 컴퓨터 같은 기기와 통신망이 있어야 가능해요.
우리나라는 1980년대에 개인용 컴퓨터가 널리 보급되었어요.
1990년대 중반부터 초고속 통신망이 생기면서 인터넷을 이용하는 사람이
폭발적으로 늘어났지요. 인터넷은 도서관, 우체국, 시장, 학교, 영화관 같은
역할을 한꺼번에 해내며 우리 생활에 큰 변화를 일으켰어요.
전 세계 사람들과 같은 시간에 대화를 나누고, 필요한 정보를 쉽게 찾고,
쇼핑과 영화 감상 등도 언제든지 할 수 있지요.

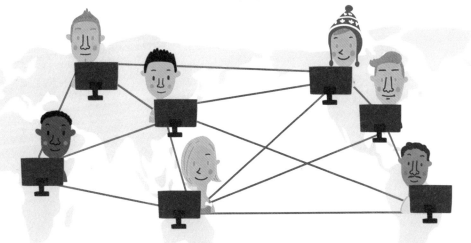

알쏭달쏭 바로 알기

틀린 곳을 맞게 고쳐 쓰세요.

• 인터넷은 컴퓨터 같은 기기와 ~~통계망~~이 있어야 가능합니다. (　　　　　)

• 우리나라는 1990년대 중반부터 ~~초저속~~ 통신망이 생겼습니다. (　　　　)

• 인터넷은 필요한 정보를 찾을 수 있는 ~~우체국~~ 역할도 합니다. (　　　　)

역사 용어 정리하기

□□□은 전 세계를 연결해 정보를 주고받는 통신망입니다.

지방 자치제

주민 스스로 자기 지역의 일을 처리하는 제도입니다

중앙 정부가 시키는 대로 하지 않고 주민이 자기 지역을 스스로(自자) 다스리는(治치) 제도라서 풀뿌리 민주주의라고도 해요.

우리나라는 1950년대 초에 지방 자치제를 처음 실시했다가 얼마 뒤 중단했어요.

온전한 지방 자치는 1995년부터 이루어졌어요.

주민들은 도지사, 시장, 군수 같은 자기 지역의 자치 단체장과

지방 의회 의원을 선출해요.

자치 단체장은 자기 지역을 맡아 보살펴요. 지방 의회는 지역에

필요한 법인 조례를 만들고, 지역에 쓰는 돈을 계획하고 감시하지요.

지방 자치 전   지방 자치 후

알쏭달쏭 바로알기

틀린 곳을 맞게 고쳐 쓰세요.

• 지방 자치제는 ~~풀꽃~~ 민주주의라고도 합니다. (　　　　　)

• ~~지역 단체장~~은(는) 지역에 필요한 법을 만듭니다. (　　　　　)

• 지방 의회에서 만든 법을 ~~규칙~~(이)라고 합니다. (　　　　　)

역사 용어 정리하기

□□□□□는 주민 스스로 자기 지역의 일을 처리하는 제도입니다.

1997 외환 위기

외환이 부족하여 국가 경제가 흔들린 사건입니다

대부분의 나라는 무역을 할 때 외국 돈인 외환을 주고받는데
보통 달러를 써요.
외환 위기는 나라에 보통 달러가 부족해 생기는데
심해지면 빚을 안은 채 망하게 돼요.
1997년에 우리나라는 외환이
부족해지면서 경제 위기에 몰렸어요.
정부는 급히 국제 통화 기금(IMF)에
지원을 요청해 달러를 빌렸어요.
국민들도 금을 팔아 달러를 마련하자는
'금 모으기 운동'에 동참했지요.
나라 경제가 흔들리자 많은 기업과 은행
이 외국에 팔리거나 노동자를 줄여 실직자
가 많이 생겼어요.

알쏭달쏭 바로알기

두 단어 중 맞는 것에 ○표 하세요.

• 외환 위기는 나라에 (외환, 원화)이(가) 부족해지면 생깁니다.

• 우리나라는 (1987년, 1997년)에 외환 위기를 맞았습니다.

• 우리나라는 외환 위기 때 (국제 통화 기금, 한국은행)에서 달러를 빌렸습니다.

역사 용어 정리하기

1997 □□ □□ 는 외환이 부족하여 국가 경제가 흔들린 사건입니다.

2002 한·일 월드컵

한국과 일본이 공동으로 개최한 월드컵 축구 대회입니다

제17회 2002년 월드컵은 한국과 일본에서 공동으로 열렸어요.

우리나라는 일본과 함께 아시아에서 올림픽 대회와

월드컵 축구 대회를 모두 개최한 나라가 되었지요.

월드컵이 열리는 동안 우리 국민들은 응원단인 붉은 악마와 함께

빨간 티셔츠를 입고 거리 응원에 나섰어요.

우리 축구팀이 좋은 성적을 거두며 4강까지 진출하자

서울 광화문 광장을 비롯한 전국의 거리가 온통 붉은색으로 물들었지요.

오~ 필승 코리아!!!!

틀린 곳을 맞게 고쳐 쓰세요.

• 한국과 ~~중국~~은 월드컵 축구 대회를 공동으로 개최했습니다. (   )

• 2002년 월드컵의 응원단을 붉은 ~~마녀~~라고 합니다. (   )

• 2002년 월드컵에서 우리 축구팀은 ~~16강~~까지 올라갔습니다. (   )

한국과 일본이 공동으로 개최한 월드컵은 2002 ☐·☐ ☐☐☐입니다.

108

남북 정상 회담

남한과 북한의 최고 지도자들이 만나서 한 회담입니다

남과 북은 1948년에 따로 정부가 들어선 뒤 전쟁과 갈등을 겪었어요.

같은 민족으로서 믿음을 갖고 남북문제를 해결하기 위해

남북의 최고 지도자들이 직접 만나기로 했지요.

2000년에 평양에서 김대중 대통령과 김정일 위원장이 만나 최초의

남북 정상 회담을 갖고 6·15 남북 공동 선언을 발표했어요.

노무현 대통령도 2007년에 김정일 위원장과 평양에서 회담을 했지요.

남북 정상 회담은 남과 북이 평화와 번영을 이루는 데 중요한 역할을 해요.

1. 자주적인 통일 추진
2. 이산가족과 장기수 해결
3. 경제 협력
4. 당국 간 대화

틀린 곳을 맞게 고쳐 쓰세요.

• 김대중 대통령과 김일성 위원장은 남북 정상 회담을 했습니다. (　　　　　)

• 2000년 남북 정상 회담에서 7·4 남북 공동 선언을 발표했습니다. (　　　　　)

• 노태우 대통령은 2007년에 북한에서 남북 정상 회담을 했습니다. (　　　　　)

　□□□□　회담은 남북 최고 지도자들이 만나서 한 회담입니다.

정 답

찾아보기

찾아보기

_____의 **한국사 공부 체크 리스트**

교과서가 쉬워지는 **용어 한국사 600**으로 공부한 주제에 √를 합니다.

- [x] 일제 강점기
- [ ] 토지 조사 사업
- [ ] 동양 척식 주식회사
- [ ] 회사령
- [ ] 산미 증식 계획

- [ ] 문화 통치
- [ ] 간토 대지진 한국인 학살
- [ ] 민족 말살 통치
- [ ] 황국 신민화 정책
- [ ] 신사 참배

- [ ] 내선일체
- [ ] 창씨개명
- [ ] 중·일 전쟁
- [ ] 제2차 세계 대전
- [ ] 태평양 전쟁

- [ ] 국가 총동원법
- [ ] 국민 정신 총동원 조선 연맹
- [ ] 공출
- [ ] 징용
- [ ] 징병

- [ ] 일본군 위안부
- [ ] 토막
- [ ] 날품팔이
- [ ] 대한민국 임시 정부
- [ ] 연통제

- [ ] 한국 광복군
- [ ] 김구
- [ ] 한인 애국단
- [ ] 이봉창
- [ ] 윤봉길

- [ ] 물산 장려 운동
- [ ] 화신 백화점
- [ ] 6·10 만세 운동
- [ ] 광주 학생 항일 운동
- [ ] 신간회

- [ ] 근우회
- [ ] 원산 총파업
- [ ] 농촌 계몽 운동
- [ ] 신흥 무관 학교
- [ ] 의열단

- [ ] 간도
- [ ] 만주
- [ ] 연해주
- [ ] 까레이스키
- [ ] 무장 독립운동

- [ ] 홍범도
- [ ] 봉오동 전투
- [ ] 청산리 대첩
- [ ] 김좌진
- [ ] 신채호

- [ ] 한용운
- [ ] 박은식
- [ ] 조선어 학회 사건
- [ ] 방정환
- [ ] 아리랑

- [ ] 손기정
- [ ] 건국 동맹
- [ ] 8·15 광복
- [ ] 38선
- [ ] 모스크바 3국 외상 회의

- [ ] 신탁 통치
- [ ] 미·소 공동 위원회
- [ ] 남북 협상
- [ ] 제주 4·3 사건
- [ ] 5·10 총선거

- [ ] 제헌 국회
- [ ] 대한민국 정부 수립
- [ ] 농지 개혁
- [ ] 북한
- [ ] 6·25 전쟁

- [ ] 국제 연합군
- [ ] 인천 상륙 작전
- [ ] 학도 의용군
- [ ] 피란민
- [ ] 휴전 협정

- [ ] 휴전선
- [ ] 이산가족
- [ ] 3·15 부정 선거
- [ ] 4·19 혁명
- [ ] 5·16 군사 정변

- [ ] 경제 개발 5개년 계획
- [ ] 새마을 운동
- [ ] 독일 파견 간호사
- [ ] 중동 파견 노동자
- [ ] 아파트

- [ ] 텔레비전
- [ ] 도시화
- [ ] 판자촌
- [ ] 유신 체제
- [ ] 12·12 사태

- [ ] 5·18 민주화 운동
- [ ] 6월 민주 항쟁
- [ ] 서울 올림픽 대회
- [ ] 프로 야구
- [ ] 자가용 시대

- [ ] 인터넷
- [ ] 지방 자치제
- [ ] 1997 외환 위기
- [ ] 2002 한·일 월드컵
- [ ] 남북 정상 회담